BYD Y BÊL RYGBI

Tomos Morse

Gomer

Cyhoeddwyd yn 2011 gan
Wasg Gomer, Llandysul, Ceredigion SA44 4JL

ISBN 978 1 84851 659 5

Dymuna'r cyhoeddwyr gydnabod cymorth
Cyngor Llyfrau Cymru.

Argraffwyd a rhwymwyd yng Nghymru gan
Wasg Gomer, Llandysul, Ceredigion.

Hoffwn ddiolch i Elinor Wyn Reynolds am roi'r cyfle i mi lunio llyfr cwis am fy hoff fath o chwaraeon. Mae fy nyled yn fawr i'r golygydd Luned Whelan, sydd wedi edrych ar fy ôl i'n wych drwy'r broses a rhoi llawer o anogaeth a chyngor ar hyd y ffordd.

Diolch i fy ngwraig Gwerfyl, a'r plant Aneurin, Gwenllian a Bleddyn, a fuodd mor oddefgar wrth rannu'r cyfrifiadur â mi. Diolch hefyd i'm tad a mam, a ddaeth i gymaint o gemau ar foreau Sadwrn oer i 'ngweld i'n chwarae rygbi'n wael. Ac yn olaf i Grav, ffrind arbennig a gyflwynodd fi i gynifer o fy arwyr.

Rhagair

Cwpan Rygbi'r Byd 1987, finne'n ddeuddeg oed, a Chymru'n cyrraedd y trydydd safle yn y byd. Richie Collins (fy arwr) Jonathan Davies, John Devereux, Gareth Roberts, Glen Webbe a Ieuan Evans – pob un ohonynt yn serennu, ac rwy'n cofio ysu am ddihuno'n gynnar i weld y gemau o'r ochr arall i'r byd. Yna mas â fi i gaeau Llanilltud Faerdref i chwarae'r gêm gyda'r bois, gan gynnwys Geraint P. Lewis, a aeth ymlaen i ennill capiau dros Gymru dan hyfforddiant Graham Henry.

Cofio mynd i weld fy ngêm glwb gynta, fel bachan o gyrion Pontypridd, a gweld fy nhîm lleol yn colli i Gastell-nedd yn 1987. Yna'r gêm ryngwladol gynta, sef Cymru yn erbyn yr Unol Daleithiau yn yr un flwyddyn, a dechrau ar y broses o gasglu rhaglenni rygbi. A dyna ni wedyn – darllen rhaglenni o glawr i glawr ac amsugno'r wybodaeth a'r ystadegau, a 'nghymydog, Wncwl Charles, yn mynd i weld pob gêm ryngwladol a dod â rhaglen 'nôl i mi bob tro.

Yna enillodd Cymru'r Goron Driphlyg yn 1988, a dawn chwaraewyr fel Jonathan, Ieuan, Richie, Robert Jones, Bob Norster, Paul Thorburn a Bleddyn Bowen yn argoeli'n dda am ddychwelyd tîm Cymru'n ôl i safon rygbi'r 1970au yr oedd fy nhad yn rhamantu yn ei gylch – camp liwgar a chrefftus. Erbyn hyn, roedd rygbi wedi fy machu'n llwyr. Y cam nesa oedd chwarae rygbi dros Gymru a chael gwisgo'r crys coch, ond sylweddoles yn go glou na fydde hynny byth yn digwydd.

Flynyddoedd yn ddiweddarach, yn rhinwedd fy swydd fel cynhyrchydd gyda Radio Cymru, ces gyfle i weithio gyda'r anfarwol Ray Gravell – y cawr rygbi. Ac am bum mlynedd, hyd at ei farwolaeth yn 2007, gweithies gydag e'n ddyddiol ar raglen Grav yn y de-orllewin. Grav sydd yn gyfrifol i raddau am y ffaith 'mod i wedi parhau i grynhoi gwybodaeth am rygbi ar gyfer y llyfr hwn, achos wrth deithio 'nôl a 'mlaen i wahanol leoliadau gydag e, a gwrando arno'n adrodd hanesion cewri'r 1970au – Carwyn James ac arwyr y Strade yn eu plith – ces fy nghyfareddu'n llwyr.

Daeth y syniad wedyn o gasglu straeon rhai o'r bois 'ma yn y gyfres *Shorts Grav*, a ches gwrdd â llawer o sêr y gorffennol, gan gynnwys yr unigryw Clive Rowlands, Delme Thomas – arwr Grav – ac amrywiaeth eang o chwaraewyr clwb, rhyngwladol a Llewod o'r 1940au i'r 1970au. Yn ddiweddarach gweithiais gyda Clive Rowlands ar y gyfres *Shorts Clive*, a theithio i gyfweld â mawrion y gêm yn ei gwmni – profiad anhygoel.

Yn 2008, ces y fraint o gynhyrchu rhaglen i ddathlu pen-blwydd Clive yn 70 oed, yn Neuadd Cwmtwrch; daeth llu o wynebau cyfarwydd o'r 1960au a'r 1970au i ddathlu gydag e. Er bod y lle'n orlawn o dalent, roedd tristwch am nad oedd Grav yno i roi coron ar y noson.

Felly mae'n wir dweud fy mod i wedi gwirioni ar y bêl hirgron ers blynyddoedd bellach, a'r profiadau yma a luniodd y llyfr cwis hwn. Diolch i ti Grav, am y pleser o gydweithio â thi, ac am rannu'r holl straeon yn y stiwdio ac yn y car wrth deithio ar hyd heolydd cul Sir Gâr, Cwm Gwendraeth, Dyffryn Aman, Cwm Tawe a Chwm Afan.

Tomos Morse
Tachwedd 2012

CYFLWYNIAD

Croeso i'r cwisiau! Cyfrol i'w mwynhau yw hon. Gallwch ei defnyddio i brofi faint o wybodaeth am rygbi sydd ganddoch neu i holi ffrindiau a chael hwyl ymysg eich gilydd.

Os ydych chi'n trefnu noson gwis, gallwch ddefnyddio'r cwisiau mewn unrhyw drefn, a dewiswch sawl rownd bynnag sy'n gweddu i'ch noson chi. Gallwch chi ddefnyddio Rownd y Lluniau ar unrhyw adeg, wrth reswm.

Mae'r Cwis Aml Ateb yn handi iawn pan fo sgôr yn gyfartal ar ddiwedd gornest gwis. Gallech chi roi un pwynt am bob ateb cywir, er enghraifft. Os gall rhywun ateb y cyfan, rhowch wobr fawr iddyn nhw!

CYNNWYS

Cwisiau Clybiau Rygbi Cymru 11

Cwisiau Cyffredinol 39

Rownd y Lluniau 161

Cwis Aml-ateb 167

Cwisiau

Clybiau Rygbi Cymru

Cwis Clwb Rygbi Abertawe

1. Beth oedd enw'r asgellwr o'r Alban a enillodd 14 cap dros ei wlad fuodd yn chwarae dros Abertawe rhwng 1976 a 1978?

   a) Stuart Quick

   b) Lewis Dick

   c) Gavin McQuidick

2. Pryd enillodd Abertawe Gwpan Schweppes am y tro cynta yn y 1970au?

3. Yn erbyn pa dîm o Went y sgoriodd Abertawe 15 cais ar 12 Ebrill 1993?

   a) Tredegar

   b) Abertyleri

   c) Cross Keys

4. O ba dîm y symudodd Scott Gibbs i ymuno ag Abertawe yn 1992?

5. Roedd Rowe Harding yn asgellwr dros Abertawe, Cymru a'r Llewod yn ystod y 1920au. Roedd yn gricedwr ac yn athletwr ac fe safodd yn etholiadau 1944, 1950 a 1951 heb lwc. Ond beth oedd ei waith?

6. Beth oedd lliwiau cynta crysau Abertawe?

   a) Crysau siec du a gwyn

   b) crysau glas â streipiau gwyn llorweddol

   c) crysau gwyn a choleri du

7. Pa safle oedd y cyn-gapten Alan Meredith yn ei chwarae yn ystod y 1970au?

8. Pa flaenwr oedd yn cael ei adnabod fel 'Y Gaffer' ac sydd erbyn hyn yn chwarae'r organ yn ei eglwys leol, Eglwys yr Holl Saint yng Nghilfai, Abertawe?

9. Pa gefnwr/maswr sgoriodd ddau gais yn erbyn yr Unol Daleithiau yn 1987 ar ôl 66 munud o'r gêm, a'u sgorio mewn llai na chwarter awr?

10. O ba dîm yr ymunodd Clive Rowlands ag Abertawe yn 1965?

11. Pwy gafodd ei apwyntio'n Brif Hyfforddwr Abertawe ar gyfer tymor 2012-13?

12. Pa flaenasgellwr/wythwr o Ddyffryn Aman sgoriodd bedwar cais yn erbyn Maesteg ar 14 Rhagfyr 1991?

    a) Alan Reynolds

    b) Ian Davies

    c) Stuart Davies

13. Beth oedd enw'r asgellwr o Fangor fu'n chwarae dros Abertawe 221 gwaith rhwng 1958 a 1967, a sgorio 87 cais cyn mynd i weithio i HTV Cymru?

14. Ar wahân i Geoff Wheel a Mervyn Davies, pa flaenasgellwr arall oedd yn chwarae i Abertawe fu'n aelod o dîm Cymru yn nhymor Camp Lawn 1976?

15. Pa ganolwr o Gwmgwrach, a chwaraeodd i'r clwb 305 o weithiau rhwng 1972 a 1986, a sgorio 112 o geisiau, enillodd Dlws Chwaraewr y Flwyddyn yng Nghymru yn 1980?

16. Yn erbyn pa dîm y credir i Abertawe chwarae eu gêm gyntaf ar 28 Tachwedd 1874?

    a) Coleg Llambed

    b) Coleg Llanymddyfri

    c) Coleg Trefeca

17. I ba dîm yn Lloegr y symudodd y canolwr caled o Frynaman, Claud Davey, ar ôl gadael Abertawe?

18. Pa ddau gefnder o Ysgol Tregŵyr oedd yr haneri a ddisgleiriodd yn y gêm pan gurodd Abertawe Seland Newydd yn 1935?

19. Chwaraeodd y maswr Malcolm Dacey i'r clwb o 1978 hyd 1992. Ond at ba dîm yr aeth rhwng 1987 a 1990?

20. Beth oedd llysenw Billy Williams, y prop a chwaraeodd dros 300 o gemau i'r clwb rhwng 1949 ac 1962, ac a chwaraeodd dros Gymru a'r Llewod yn ystod y 1950au?

    a) Broker

    b) Stoker

    c) Breaker

Atebion Cwis Clwb Rygbi Abertawe

1. Lewis Dick
2. 1978 (yn erbyn Casnewydd)
3. Cross Keys
4. Castell-nedd
5. Barnwr
6. Crysau glas â streipiau gwyn llorweddol
7. Mewnwr
8. Geoff Wheel
9. Tony Clement
10. Pont-y-pŵl
11. Mefin Davies
12. Ian Davies
13. Dewi Bebb
14. Trevor Evans
15. David Richards
16. Coleg Llanymddyfri
17. Cymry Llundain
18. Haydn Tanner a Willie Davies
19. Caerdydd
20. Stoker

Cwis Rygbi Clwb Caerdydd

1. Pa flaenasgellwr a chapten Caerdydd rhwng 1979 ac 1993 sy'n rhedeg cwmni gwres canolog yn y ddinas?
2. Beth yw enw'r prop o Fedwas a ddechreuodd chwarae dros Gaerdydd yn 1978, a chwarae 305 o weithiau dros y clwb erbyn ei gêm olaf yn 1990?
   a) Ian Eidman
   b) Jeff Whitefoot
   c) Steve Blackmore
3. Pa fewnwr o Gaerdydd gafodd ei enwi'n Chwaraewr Gorau Cymru yn 1979?
4. Yn erbyn pa dîm yn ardal Abertawe sgoriodd Caerdydd ddeunaw cais ar 25 Mawrth 2000?
5. Beth oedd enw'r clo a fu'n gapten ar y clwb rhwng 1965 a 1967 ac a aeth ymlaen i fod yn Llywydd Undeb Rygbi Cymru rhwng 2004 a'i farwolaeth yn 2006?
6. Â pha dîm yr ymunodd Richie Collins ar ôl gadael Caerdydd yn 1993?
7. Pa faswr gyrhaeddodd Caerdydd yn 1995 ar ôl bod i ffwrdd o Rygbi'r Undeb am saith mlynedd?
8. Ym mha flwyddyn y ffurfiwyd y clwb, ar ôl uno dau glwb Crwydriaid Caerdydd a Chrwydriaid Morgannwg?
   a) 1876
   b) 1886
   c) 1896
9. Beth oedd lliw a phatrwm crys cynta'r clwb?
   a) crys glas golau â sgwariau glas tywyll
   b) crys coch â sgwariau glas golau
   c) crys du â phenglog ac esgyrn wedi eu croesi arno (skull and crossbones)

10. Beth yw enw Cadeirydd Gleision Caerdydd, a fu'n chwarae dros Gaerdydd yn ystod y 1960au?

11. Pa wlad sydd heb guro Caerdydd ar y chwe achlysur maen nhw wedi cwrdd?

12. Pa gyn-asgellwr i Gaerdydd a aeth i Rygbi'r Gynghrair cyn dychwelyd i Rygbi'r Undeb, ac sydd erbyn hyn yn gweithio fel Cyfarwyddwr Digwyddiadau Sefydliad St. David, sy'n gofalu am bobl â chanser?

13. Lle i tua faint o bobl sydd ym Mharc yr Arfau?

    a) 10,500

    b) 12,500

    c) 15,500

14. Beth oedd enw'r blaenasgellwr o Lanrhymni a sgoriodd un o geisiau Cymru yn erbyn Seland Newydd yn 1953, a mynd ymlaen i fod yn gapten Caerdydd yn nhymor 1954-55 cyn marw o ganser yn 1959?

15. Pwy oedd y bachwr o Fynydd Cynffig fuodd yn chwarae i'r clwb rhwng 1973 a 1992, a sgorio 162 cais mewn 481 ymddangosiad?

16. Pa asgellwr a chwaraeodd dros Gaerdydd a sgorio 166 o geisiau cyn mynd i Rygbi'r Gynghrair yn 1989 at Bradford Northern? Sgoriodd 77 cais iddyn nhw cyn dychwelyd i Gaerdydd yn nhymor 1996-97 a sgorio un cais cyn gorffen ei yrfa.

17. Beth yw enw'r fferyllydd o Bontlliw a chwaraeodd dros 166 o weithiau fel blaenasgellwr i'r clwb rhwng 1984 a 1993?

    a) Howard Stone

    b) Gareth Roberts

    c) Bob Lakin

18. Fe sgoriodd Maurice Richards bedwar cais dros Gymru yn erbyn Lloegr yn 1969. Ond yn erbyn pa glwb yn Lloegr y sgoriodd bedwar cais hefyd yn nhymor 1966-67?

    a) Saracens

    b) Caerloyw

    c) Bryste

19. Beth yw enw'r mewnwr a chwaraeodd 112 o weithiau dros Gaerdydd rhwng 1965 a 1975 cyn symud i Bontypridd am dri thymor, ac wedyn mynd yn Swyddog Rhanbarthol Undeb Rygbi Cymru, ac yn sylwebydd ar raglenni megis *Y Maes Chwarae*?

20. Sawl gwaith enillodd Caerdydd Gwpan Schweppes yn y 1980au?

Atebion Cwis Clwb Rygbi Caerdydd

1. Tim Crothers
2. Jeff Whitefoot
3. Terry Holmes
4. Dyfnant
5. Keith Rowlands
6. Pontypridd
7. Jonathan Davies
8. 1876
9. Crys du â phenglog ac esgyrn wedi eu croesi arno (skull and crossbones)
10. Peter Thomas
11. Awstralia
12. Adrian Hadley
13. 12,500
14. Sid Judd
15. Alan Phillips
16. Gerald Cordle
17. Gareth Roberts
18. Caerloyw
19. Gari Samuel
20. Pum gwaith: 1981, 1982, 1984, 1986 a 1987

Cwis Clwb Rygbi Casnewydd

1. Pan wynebodd Casnewydd dîm De Affrica yn 1969, roedd yr haneri'n siaradwyr Cymraeg. Gwilym Treharne oedd y mewnwr, ond pwy oedd y maswr, a oedd yn wreiddiol o Gaerdydd, ac a aeth ymlaen i fod yn Arolygydd Ysgolion ac yna'n Gyfarwyddwr Pwyllgor Datblygu Addysg Gymraeg?

2. Beth oedd enw'r bachwr a arferai chwarae dros Gasnewydd ac a aeth ar dair taith gyda'r Llewod yn 1955, 1959 a 1962, ac ennill 34 cap dros ei wlad?

3. Pa dîm wnaeth Casnewydd ei guro i ennill Cwpan Schweppes yn 1977?

   a) Llanelli

   b) Pont-y-pŵl

   c) Caerdydd

4. Pwy oedd y prop chwaraeodd 539 o weithiau dros y clwb rhwng 1973 a 1990, ac ennill un cap fel eilydd dros Gymru yn 1984 yn erbyn yr Alban?

5. Beth oedd enw'r canolwr o Donteg, ger Pontypridd, a fynychodd Ysgol Gyfun Llanhari a chwarae dros Bont-y-pŵl cyn mynd i Gasnewydd a chwarae drostyn nhw 73 o weithiau rhwng 1990 a 1993, a sgorio 19 cais?

   a) Phil Blight

   b) Keith Orrell

   c) David Pitt

6. Record pwy dorrodd y maswr Dan Griffiths am sgorio'r nifer fwyaf o bwyntiau unigol dros Gasnewydd yn 2008?

7. Beth oedd enw'r asgellwr â'r cyfenw Watkins a ymunodd o Cross Keys, ac a fu'n aelod o'r tîm a gurodd Seland Newydd yn 1963? Chwaraeodd e dros Gasnewydd 162 o weithiau wedyn, a sgorio 115 o geisiau mewn chwe thymor, yn ogystal â chwarae dros Gymru a'r Llewod.

8. Pwy oedd y prop oedd yn gapten ar dîm Seland Newydd yn 1963, ac a fuodd yn gapten mewn 67 o gemau (nid profion rhyngwladol i gyd) dros Seland Newydd, a chael ei urddo'n farchog yn 1998?

9. Ym mha gystadleuaeth saith-bob-ochr fuodd Casnewydd yn bencampwyr deg gwaith rhwng 1954 a 1985?
   a) Aberaeron
   b) Middlesex
   c) Snelling

10. Beth oedd enw tad y canolwr rhyngwladol Mark Taylor, a chwaraeodd 150 o weithiau dros Gasnewydd a sgorio 29 cais, cyn symud i Bont-y-pŵl a chwarae 266 o weithiau drostyn nhw cyn ymddeol yn 39 oed?

11. Gyda pha glwb oedd y mewnwr Dai Llewellyn (a chwaraeodd dros Gasnewydd mewn dau gyfnod gwahanol) yn chwarae pan enillodd ei gap rhyngwladol cynta?

12. Beth oedd enw'r prop o Loegr a chwaraeodd 306 o weithiau dros y clwb, derbyn gwahoddiad yn 1974 i ymuno â sgwad Cymru, ond yna gwrthod am ei fod am chwarae dros Loegr? Yn 1979 cafodd ei ddewis a chwaraeodd 17 o weithiau dros Loegr.
   a) Roy Cridland
   b) Colin Smart
   c) Jim Dale

13. Buodd y clo o Seland Newydd, Simon Raiwalui, yn gapten ar Gasnewydd rhwng 2001 a 2003, ond ar ba wlad y bu'n gapten?

14. Pa gyn-ganolwr dros Ben-y-bont a Chymru gafodd ei benodi'n un o hyfforddwyr Casnewydd yn nhymor 1997-98?

15. Mewn gêm i anrhydeddu eu capten Gary Teichmann, aeth Casnewydd i Dde Affrica i chwarae yn erbyn dau o hen dimau'r chwaraewr, sef College Rovers a pha glwb arall?
 a) Blue Bulls
 b) Golden Lions
 c) Natal Sharks

16. Pa gefnwr gwallt coch ymunodd â Chasnewydd yn nhymor 1998-99 cyn symud i Lanelli yn haf 2000, ac yna i Leeds Tykes yn 2003, cyn ymddeol yn 30 oed yn 2005?

17. Pwy oedd prif gefnwr Casnewydd rhwng 1984 a 1989? Cafodd ei eni yng Nghaerlŷr a mynd i Ysgol Bassaleg, ger Casnewydd. Enillodd gapiau Ysgolion Cymru dan 15, dan 16, dan 18, capteinio Cymru dan 20 a dan 21 a phrifysgolion Cymru, a chael ei gynnwys yn sgwad Cymru B cyn symud i Gaerfaddon yn 1989, ac ennill capiau dros Loegr rhwng 1993 a 1995?

18. Pa faswr enwog arall oedd gwas priodas y maswr David Watkins yn 1963?
 a) Cliff Morgan
 b) Barry John
 c) Richard Sharp

19. Pa ganolwr o Gasnewydd gafodd ei ddewis i fynd ar daith y Llewod yn 1977 wedi dim ond un ymddangosiad fel eilydd i Gymru yn erbyn Ffrainc, a mynd ymlaen i chwarae mewn tri phrawf?

20. Beth oedd llysenw clo teyrngar Casnewydd, David Waters, a chwaraeodd 702 o weithiau dros ei glwb rhwng 1974 a 1996, ac yna mynd i chwarae dros Ferthyr?

a) T-Bone

b) Dizzy

c) Muddy

Atebion Cwis Rygbi Clwb Casnewydd

1. Billy Raybould
2. Bryn Meredith
3. Caerdydd
4. Rhys Morgan
5. Keith Orrell
6. Paul Turner
7. Stuart Watkins
8. Syr Wilson Whineray
9. Snelling
10. Ivor Taylor
11. Glyn Ebwy
12. Colin Smart
13. Fiji
14. Steve Fenwick
15. Natal Sharks
16. Matt Cardey
17. Jonathan Callard
18. Cliff Morgan
19. Gareth Evans
20. Muddy

Cwis Clwb Rygbi Castell-nedd

1. Pwy sgoriodd unig gais Castell-nedd pan chwaraeon nhw Awstralia yn 1992?

   a) Kevin Phillips

   b) Martyn Morris

   c) Brian Williams

2. Beth oedd enw mab y cyn-hyfforddwr Glen Ball, oedd yn chwarae yn y canol i Gastell-nedd ond, cyn troi at rygbi, a fu'n chwarae pêl-droed gydag Arsenal ac Abertawe?

3. Pa asgellwr sgoriodd 45 o geisiau dros Gastell-nedd yn nhymor 1989-90?

4. Ar yr un diwrnod ag enillodd Castell-nedd y Cwpan Schweppes cynta yn 1972, pa glwb pêl-droed enillodd y Cwpan FA?

5. Pa wlad oedd ar daith o gwmpas Cymru, a Chastell-nedd yn colli yn ei herbyn ar 31 Hydref 1987?

6. Yn draddodiadol, â pha dîm yr arferai Castell-nedd uno i chwarae timau tramor neu dimau ar daith?

7. Rhwng 1972 a 2012, sawl gwaith enillodd Castell-nedd Gwpan Her Undeb Rygbi Cymru (Cwpan Swalec, Cwpan Schweppes a.y.b.)?

   a) Pedair gwaith

   b) chwe gwaith

   c) wyth gwaith

8. Pa fachwr, a fu'n chwarae i'r tîm yn nhymor 1972-73, a chwaraeodd ei gêm olaf yn nhymor 1998-99, ac a fu hefyd ar y fainc 21 o weithiau dros Gymru heb gael cap?

9. Pa wythwr ymunodd â Chastell-nedd o Dredegar yn nhymor 1984-85 a sgorio 25 o geisiau yn nhymor 1988-89, cyn mynd i dîm Hull yn Rygbi'r Gynghrair ar ddechrau'r 1990au?

10. Yn erbyn yr Alban yn 1990, roedd rheng flaen Cymru i gyd yn dod o Gastell-nedd. Kevin Phillips oedd y bachwr a Brian Williams oedd un o'r props, ond pwy oedd y prop arall?

11. I ba wlad yr enillodd y blaenasgellwr Wilson Lauder 18 cap rhwng 1969 a 1977?

12. Beth oedd enw'r mewnwr oedd yn gapten ar y tîm pan enillon nhw Gwpan Schweppes yn erbyn Llanelli yn 1972?

    a) Martyn Davies

    b) Carl Gnojek

    c) Kim Davies

13. Fe aeth y clo/wythwr Rees Stephens o Gastell-nedd ar daith y Llewod yn 1950. Ond pwy oedd y blaenwr arall o Gastell-nedd aeth ar yr un daith?

14. Pwy oedd y mewnwr o Drebannws a wynebodd Dde Affrica gyda Chastell-nedd yn 1994?

15. Pwy oedd yr asgellwr a fu'n gapten ar y tîm rhwng 1982 ac 1985?

16. Beth oedd gwaith y blaenasgellwr penfelyn Phil Pugh, a oedd yn chwarae yn ystod y 1980au a'r 1990au?

    a) Ffermwr

    b) glöwr

    c) trydanwr

17. Pwy oedd y ddau frawd a chwaraeodd dros Gastell-nedd yn rownd derfynol Cwpan Schweppes yn 1988?

18. Beth oedd enw'r prop oedd yn ffermio yn Resolfen a enillodd ddau gap dros Gymru yn 1974, ac a fu farw dan amodau trasig yn 1985?

19. Pa chwaraewr sy'n dal y record am y nifer fwyaf o bwyntiau a sgoriwyd mewn tymor?

    a) Lee Jarvis

    b) Paul Thorburn

    c) James Hook

20. Pa flaenasgellwr o Rotorua fu'n chwarae dros y clwb rhwng 1998 a 2004?

Atebion Cwis Clwb Rygbi Castell-nedd

1. Brian Williams
2. Jason Ball
3. Alan Edmunds
4. Leeds United (curon nhw Arsenal)
5. Yr Unol Daleithiau
6. Aberafan
7. Chwe gwaith
8. Mike Richards
9. Mark Jones
10. Jeremy Pugh
11. Yr Alban
12. Martyn Davies
13. Roy John
14. Rhodri Jones
15. Elgan Rees
16. Glöwr
17. Graham ac Adrian Davies
18. Walter Williams
19. James Hook (466 o bwyntiau yn nhymor 2004-05)
20. Brett Sinkinson

Cwis Clwb Rygbi Llanelli

1. Ym mha flwyddyn y caewyd Parc y Strade?

2. Pa gyn-chwaraewr gyda Llanelli a orfodwyd i orffen chwarae oherwydd anaf, fu'n hyfforddwr gyda'r clwb rhwng 1983 a 1987, ac eto rhwng 1991 a 1996, cyn mynd i Gasnewydd yn gyfarwyddwr rygbi?

3. Pa flaenwr enillodd Chwaraewr y Tymor yng Nghymru yn 1992?

4. Pa brop wnaeth 501 o ymddangosiadau i Lanelli, ac ennill ei gap cyntaf yn 32 oed yn 1989?

   a) Anthony Buchanan

   b) Huw Williams-Jones

   c) Laurance Delaney

5. Pa faswr chwaraeodd un gêm dros Lanelli yn erbyn Wasps yn 1959 ar ôl ymddeol o'r gêm, yna digwydd cwrdd â thîm Llanelli ar y trên ar y ffordd i Lundain pan oedd yntau ar ei ffordd i gyflwyno Cyngerdd Dydd Gŵyl Dewi yn Neuadd Albert?

6. Pa wlad oedd y canolwr Salesi Finau yn ei chynrychioli?

7. Roedd y prop Charlie Thomas yn dad i ba seren yng nghyfres deledu *Big Brother*?

8. Yn erbyn pa dîm enillodd Llanelli o 106 o bwyntiau i ddim ar 12 Mawrth 1986?

   a) Heddlu De Cymru

   b) Crwydriaid Morgannwg

   c) Tredegar

9. Pa asgellwr sgoriodd 45 o geisiau yn nhymor 1987-88?

10. Cyrhaeddodd Llanelli rownd derfynol Cwpan Her Undeb Rygbi Cymru (Cwpan Schweppes, Cwpan Swalec a.y.b.) bum gwaith ym mhum mlynedd gynta'r cwpan rhwng 1972 a 1976. Sawl gwaith gollon nhw?

11. Chwaraeodd y blaenasgellwr Ivor Jones dros Lanelli 552 o weithiau, ond pa glo arall wnaeth yr un nifer o ymddangosiadau rhwng 1974 a dechrau'r 1990au?

12. Pa brifardd a ysgrifennodd y geiriau hyn am Ray Gravell?

    Ymhob modd fe ddygodd e
    Anrhydedd i gae'r Strade.

    a) Ceri Wyn Jones

    b) Dic Jones

    c) Robat Powell

13. Pwy oedd capten Llanelli ym mlwyddyn canmlwyddiant y clwb, sef 1972-73?

    a) Phil Bennett

    b) Barry Llewelyn

    c) Delme Thomas

14. Pa ogleddwr o flaenasgellwr ymunodd o Glwb Wrecsam yn 1988, a chwarae dros y clwb tan 1999?

15. Pa gyn-glo o Faesteg ail-ymunodd â'i glwb cartref yn nhymor 1989-90 ar ôl bod yn Llanelli ers 1977, a chwarae dros 200 o weithiau iddyn nhw?

16. Pa asgellwr sgoriodd chwe chais yn erbyn Merthyr yn 1986 a chwech yn erbyn Maesteg yn 1992?

    a) Steve Bowling

    b) Ieuan Evans

    c) Ian Jones

17. Pa fewnwr o Lambed a chwaraeodd dros Gymru pan oedd yn chwarae gyda Llanelli, ac ennill tri chap yn 1984?

18. Pa chwaraewr fu'n gapten, yn gadeirydd ac yn llywydd ar y clwb, ac ennill un cap dros Gymru yn nhymor 1947-48?

    a) Handel Greville

    b) Peter Rees

    c) Ray Williams

19. Pa wobr enillodd Rupert Moon ddwy flynedd o'r bron yn rownd derfynol Cwpan Her Undeb Rygbi Cymru yn 1991 ac 1992?

20. Beth oedd enw bachwr Llanelli o'r 1970au â'r llysenw Shanto fuodd ar fainc Cymru mwy na 25 o weithiau heb gael cap?

Atebion Cwis Clwb Rygbi Llanelli

1. 2008
2. Allan Lewis
3. Emyr Lewis
4. Laurance Delaney
5. Cliff Morgan
6. Tonga
7. Imogen Thomas
8. Heddlu De Cymru
9. Carwyn Davies
10. Unwaith (yn 1972)
11. Phil May
12. Robat Powell
13. Delme Thomas
14. Iwan Jones
15. Russell Cornelius
16. Ieuan Evans
17. Mark Douglas
18. Handel Greville
19. Gwobr Seren y Gêm Lloyd Lewis
20. Roy Thomas, y bachwr

Cwis Clwb Rygbi Pen-y-bont ar Ogwr

1. Beth yw enw cyn-fachwr Pen-y-bont a chwaraeodd i Heddlu De Cymru, Abertawe a Merthyr, a mynd ymlaen i fod yn Gyfarwyddwr Rygbi ar Ben-y-bont ac yn brif hyfforddwr tîm saith-bob-ochr Cymru, ac a fu farw'n ddyn ifanc yn 2009?

2. Beth yw'r enw newydd ar dîm Pen-y-bont?

3. Pwy yw Llywydd y Clwb?

4. Pa ganolwr, a fu'n gapten ar dîm Pen-y-bont sawl gwaith yn ystod y 1980au a'r 1990au, ac a fu'n anlwcus i beidio ag ennill cap rhyngwladol, sy'n un o hyfforddwyr tîm Bridgend Athletic RFC erbyn hyn?

   a) Paul Daniel

   b) Martin Daley

   c) John Apsee

5. Pwy oedd yr aelod o'r rheng ôl a anwyd yn Aberogwr a chwarae gyda'i frawd Gareth ym Mhen-y-bont rhwng 1988 a 1992 cyn symud i Gaerdydd? Bu gyda nhw am naw mlynedd cyn ymddeol yn 2001. Enillodd un cap dros Gymru yn erbyn Namibia yn 1990.

6. Beth oedd enw'r chwaraewr o Drelái â'i wreiddiau yn St Kitts, India'r Gorllewin, a chwaraeodd dros Ben-y-bont o 1981 tan ganol y 1990au, ac sy'n dal y record am y nifer fwyaf o geisiau a sgoriwyd dros dîm Pen-y-bont o hyd?

7. I ba dîm yr oedd J. P. R. Williams yn chwarae cyn ymuno â thîm Pen-y-bont yn nhymor 1976-77?

8. Pa chwaraewr fu gyda thîm Pen-y-bont dros wahanol gyfnodau o 1984 tan 1990, pan ymunodd â thîm Rygbi'r Gynghrair, Warrington, ac yna chwarae dros

Gymru a Phrydain yn y gamp honno cyn dod yn ôl i Rygbi'r Undeb? Roedd yn dal i chwarae gyda Maesteg yn y flwyddyn 2012 ac yntau'n 47 mlwydd oed.

a) Kevin Ellis

b) Allan Bateman

c) Richard Diplock

9. Rhwng 1979 a 1982, fe gyrhaeddodd Pen-y-bont rownd derfynol Cwpan Schweppes bedair gwaith. Ond sawl gwaith enillon nhw'r cwpan?

10. Pwy oedd yr unig chwaraewr o Ben-y-bont i chwarae yng Nghamp Lawn Cymru yn 1976?

11. Yn erbyn pa dîm rhyngwladol y chwaraeodd llinell dri chwarter gyfan Pen-y-bont i Gymru yn 1988?

12. Pa chwaraewr rhyngwladol a Llew oedd yn chwarae prop i Ben-y-bont pan enillodd ei gap cynta, cyn mynd ymlaen i chwarae dros Gaerdydd, Pontypridd a Wasps?

a) Paul Edwards

b) Mike Griffiths

c) Paul Knight

13. Pa chwaraewr o Donyrefail fu'n chwarae dros Ben-y-bont rhwng 1973 ac 1983, gan wneud 246 ymddangosiad a sgorio 130 o geisiau?

a) Ffrangcon Owen

b) Tony Lewis

c) Mark Titley

14. Â pha dîm yr ymunodd Mike Hall ar ôl gadael Pen-y-bont?

15. Yn erbyn pa dîm y collodd Pen-y-bont yn rownd derfynol Cwpan Schweppes yn 1990?

16. Yn ystod tymor 1983-84, pa gefnwr o Ben-y-bont osododd record ar y pryd o sgorio'r nifer fwyaf o bwyntiau mewn tymor i Gymru ym Mhencampwriaeth y Pum Gwlad, sef 39 o bwyntiau?

17. Pa ganolwr i Ben-y-bont a brawd i'r enwog J. P. R. Williams a chwaraeodd dros Brifysgol Caergrawnt yn erbyn Seland Newydd yn 1972?

18. Pa flaenasgellwr a adawodd Abertawe i fynd i chwarae gyda thîm Rygbi'r Gynghrair, Salford, a chael llawer o lwyddiant yno cyn dychwelyd i Rygbi'r Undeb gyda Chaerfaddon ac yna, yn 1999, ymuno â Phen-y-bont? Erbyn 2012, roedd yn brif hyfforddwr tîm Maesteg.

   a) Simon Bryant

   b) David Bryant

   c) Richard Webster

19. Pa wythwr rhyngwladol i Abertawe sgoriodd dri chais yn erbyn Pen-y-bont ar 6 Rhagfyr 1997?

20. Beth oedd cyfenw Richard, oedd yn frawd i Matthew, enillodd un cap fel eilydd i Carwyn Davies yn erbyn Gorllewin Samoa yn 1988?

Atebion Cwis Clwb Rygbi Pen-y-bont ar Ogwr

1. Colin Hillman
2. Cigfrain Pen-y-bont (Bridgend Ravens)
3. J. P. R. Williams
4. John Apsee
5. Owain Williams
6. Glen Webbe
7. Cymry Llundain
8. Kevin Ellis
9. Dwywaith (yn 1979 ac 1980)
10. Steve Fenwick
11. Romania: Glen Webbe a Richard Diplock, yr asgellwyr, a John Devereux a Mike Hall, y canolwyr
12. Mike Griffiths
13. Ffrangcon Owen
14. Caerdydd
15. Castell-nedd
16. Howell Davies
17. Dr Chris Williams
18. Richard Webster
19. Stuart Davies
20. Wintle

Cwis Clwb Rygbi Pontypridd

1. Pam fod 4 Medi 1974 yn ddyddiad arwyddocaol yn hanes Clwb Rygbi Pontypridd?

2. Pa arwr chwedlonol o dîm Pontypridd chwaraeodd ei gêm gyntaf yn erbyn Hendy-gwyn ar Daf ar 1 Medi 1967, a chwarae wedyn dros Bontypridd 404 o weithiau?

3. Pa gyn-chwaraewr a chapten oedd hyfforddwr Pontypridd rhwng 1992 a 1999?

4. Pa chwaraewr gafodd ei alw i fynd ar daith Cymru i Seland Newydd yn 1988, ac ennill ei gap cynta yno, y cap cynta i'r clwb ers 12 mlynedd?

5. Beth oedd enw'r cwmni lleol oedd yn noddi'r clwb rhwng 1991 a 2004?

6. Pa chwaraewr chwaraeodd 877 o weithiau dros y clwb rhwng 1961 a 1985?

7. Yn erbyn pa dîm yr enillodd Pontypridd Gwpan Swalec yn 1996?

8. Pa aelod o reng ôl Pontypridd enillodd 13 cap dros Gymru, a mynd hefyd ar daith y Llewod i Dde Affrica yn 1955, cyn symud i chwarae Rygbi'r Gynghrair gyda chlwb Leeds yn 1959?

9. Pa chwaraewr o Bontypridd enillodd ei gap cynta dros ei wlad gyda Scott Gibbs yn erbyn Lloegr yn 1991?

10. Fel pa gymeriad yr oedd Andrew Harry'n fwy adnabyddus yn ystod y 1990au?

11. Beth oedd enw iawn 'Baz', oedd yn gyn-gapten ar y tîm?

12. Pa gyn-brop dros Bontypridd, Caerdydd, Pen-y-bont, Wasps, Cymru a'r Llewod arhosodd fel hyfforddwr blaenwyr Pontypridd, ac sydd â'r llysenw 'Scrum Doctor'?

13. Sawl gwaith bu Pontypridd yn Bencampwyr Clybiau Cymru yn y 1970au?

14. Pa dîm gurodd Pontypridd yn rownd derfynol Cwpan Schweppes yn 1979?

a) Castell-nedd

b) Pen-y-bont

c) Aberafan

15. Roedd y canolwr Jason Lewis yn frawd i ba ganolwr teyrngar arall o Gilfach Goch?

16. Sawl twll sydd ar y bont ar fathodyn y clwb?

a) 2

b) 4

c) 6

17. Ar daith y Llewod i Awstralia yn 2001, sawl un o'r 12 Cymro oedd ar y daith a fu'n chwarae i dîm Pontypridd ar ryw adeg yn ei yrfa?

a) 3

b) 5

c) 7

18. Ym mha flwyddyn y cafodd Dale McIntosh a Lionel Mallier eu hala oddi ar y cae pan chwaraeodd Pontypridd yn erbyn Brive yn y 'Battle of Brive'?

19. Pa chwaraewr Rygbi'r Gynghrair enwog iawn chwaraeodd un gêm i Bontypridd ar yr asgell yn erbyn Cheltenham yn 1952?

20. Beth oedd enw'r Cymro Cymraeg a fu'n chwarae yn y rheng ôl a mynd ymlaen i chwarae dros Abertawe, Rotherham, Caerfaddon a Bryste cyn dychwelyd i'r clwb a chael canmoliaeth fawr gan Graham Henry ar y daith i'r Ariannin gyda Chymru yn 1999?

Atebion Cwis Clwb Rygbi Pontypridd

1. Y gêm gyntaf yn Heol Sardis
2. Tommy David
3. Dennis John
4. Jonathan Mason
5. Just Rentals
6. Bob Penberthy
7. Castell-nedd
8. Russell Robins
9. Neil Jenkins
10. 'Ginger Monster'
11. Nigel Bezani
12. Mike Griffiths
13. Teirgwaith (1975-76, 77-78 a 78-79)
14. Pen-y-bont
15. Steele Lewis
16. 6
17. 5 (Gareth Thomas, Gethin Jenkins, Brett Cockbain, Michael Owen a Martyn Williams)
18. 1997
19. Billy Boston
20. Geraint P. Lewis

Cwis Clwb Rygbi Pont-y-pŵl

1. Sawl gwaith chwaraeodd rheng flaen Pont-y-pŵl, Price, Windsor a Faulkner, gyda'i gilydd dros Gymru?
   a) 10 gwaith
   b) 14 gwaith
   c) 19 gwaith

2. Pa flaen-asgellwr o Lew oedd capten Pont-y-pŵl rhwng 1979 a 1982?

3. Pam gafodd Pont-y-pŵl eu diarddel yn nhrydedd rownd Cwpan Schweppes yn nhymor 1988-89?
   a) oherwydd brwydr fawr yn erbyn Faerdre ar y cae
   b) oherwydd eu bod, yn ddiarwybod, wedi rhoi cyfle i chwaraewr anghymwys oedd wedi chwarae i dîm arall yn rowndiau cynharach yn y cwpan
   c) oherwydd eu bod yn hwyr yn cyrraedd y maes

4. Yn ystod tymor 1983-84, pan enillon nhw Bencampwriaeth Cymru, sawl gêm gollon nhw allan o 40?
   a) dwy
   b) chwech
   c) wyth

5. Pan oedd timau rhyngwladol yn ymweld â Gwent, â pha dîm fyddai Pont-y-pŵl yn uno i greu tîm yn erbyn yr ymwelwyr?

6. Beth oedd enw'r prop a dorrodd ei wddf mewn gêm yn erbyn tîm Rugby yn 1966, a threulio 44 blynedd mewn gwahanol ysbytai cyn ei farwolaeth yn 65 oed yn 2010?

7. Beth oedd enw'r canolwr o Flaenafon a chwaraeodd dros y clwb cyn mynd i chwarae dros Abertawe, y Sgarlets, Sale Sharks, y Gweilch a Chymru?

8. Ar daith y Llewod i Seland Newydd a Fiji yn 1977, fe ddewiswyd pedwar blaenwr o Bont-y-pŵl. Rheng flaen Pont-y-pŵl oedd tri ohonynt, ond pwy oedd y pedwerydd?

9. Hunangofiant pa chwaraewr o Bont-y-pŵl yw *The Iron Duke*?

   a) Graham Price

   b) Eddie Butler

   c) Bobby Windsor

10. Pa gyn-ganolwr/asgellwr dros Bont-y-pŵl sgoriodd dri chais yn erbyn ei hen glwb pan oedd yn chwarae i Abertawe ar 8 Rhagfyr 1990?

11. Beth oedd enw'r wythwr a chwaraeodd i Bont-y-pŵl yn erbyn ei wlad enedigol, Seland Newydd, yn 1989?

    a) Kevin Moseley

    b) Frank Jacas

    c) Dean Oswald

12. Pa ganolwr o Bont-y-pŵl gafodd ei ddewis i chwarae dros Gymru yn erbyn Iwerddon yn 1987 ond, oherwydd i'r gêm gael ei gohirio, nid oedd yn ddewis cynta bellach, a bu'n rhaid iddo aros am bum mlynedd cyn cael ei ddewis eto?

13. Beth oedd y llysenw roddodd Max Boyce i reng flaen Pont-y-pŵl?

14. Pwy ddywedodd amdano'i hun, cyn mynd i Rygbi'r Gynghrair ym mis Hydref 1988, mai fe oedd y mewnwr gorau nid dim ond yng Nghymru, ond yn y byd?

15. Yn ôl y chwedl, pa brop rhyngwladol a chyn-Lew a gerddodd o'i gartref yn Ynys-y-bwl i ymarfer ym Mhont-y-pŵl, a hefyd bwyta 27 taten rost ar ôl un gêm?

16. Pa dîm o Loegr a ganslodd gemau yn erbyn Pont-y-pŵl ym mis Ebrill 1984 oherwydd yr ofn y byddai'r gemau'n rhy dreisgar?

a) Caerfaddon

b) Bryste

c) Caerlŷr

17. Sawl gwaith buodd Pont-y-pŵl yn Bencampwyr Clybiau Cymru yn y 1970au?

a) dwywaith

b) tair gwaith

c) pedair gwaith

18. Pa flaenasgellwr caled sgoriodd 25 cais i Bont-y-pŵl yn ystod tymor 1983-84, a mynd ymlaen i fod yn gapten ar y clwb?

19. Pa faswr, a aeth i chwarae Rygbi'r Gynghrair gyda Halifax, sgoriodd yr unig bwyntiau i Bont-y-pŵl pan gollon nhw 47–6 i Seland Newydd yn 1989?

20. Pa gyn-glo o Flaenafon, a chwaraeodd 18 gwaith dros Gymru, oedd yn hyfforddwr y clwb pan gyrhaeddon nhw rownd derfynol Cwpan Schweppes yn 1991, lle collon nhw yn erbyn Llanelli?

Atebion Cwis Clwb Rygbi Pont-y-pŵl

1. 19 gwaith
2. Jeff Squire
3. Oherwydd eu bod, yn ddiarwybod, wedi rhoi cyfle i chwaraewr anghymwys oedd wedi chwarae i dîm arall yn rowndiau cynharach yn y cwpan
4. Dwy
5. Cross Keys
6. Roger Addison
7. Mark Taylor
8. Terry Cobner
9. Bobby Windsor
10. Bleddyn Taylor
11. Dean Oswald
12. Roger Bidgood
13. 'Viet Gwent' (chwarae ar yr enw 'Viet Cong')
14. David Bishop
15. Staff Jones
16. Bryste
17. Dwywaith (yn 1972-73 ac 1974-75
18. Chris Huish
19. Mathew Silva
20. John Perkins

Cwisiau Cyffredinol

Cwis 1

1. Beth oedd enw'r efeilliaid a chwaraeodd dros Seland Newydd yn erbyn Cymru yng Nghwpan y Byd 1987?

2. Beth yw enw canol y cyn-fewnwr rhyngwladol Cymraeg, Gareth Edwards?

3. Pa record mae'r cyn-asgellwr o Japan, Daisuke Ohata, yn ei ddal?

4. Gyda pha dîm rhyngwladol dan-21 yr enillodd y cyn-glo Martin Johnson un cap cyn troi ei olygon tuag at Loegr yn 1990?

5. Ym mha wlad y ganwyd Serge Blanco?

6. Pa chwaraewr sydd â'r nifer fwyaf o gapiau dros ei wlad hyd at fis Medi 2012?

   a) Phillipe Sella

   b) George Gregan

   c) Jason Leonard

7. Ym mha flwyddyn y curodd tîm Caerdydd Seland Newydd?

8. Sawl cais sgoriodd Rory Underwood dros Loegr?

9. Am ba asgellwr Cymraeg roedd Dic Jones yn sôn yn y cwpled hwn?:

   > Rhyw 'race-car' ar yr asgell – yn saethu'n
   > Syth drwodd fel cyllell.

   a) Ieuan Evans

   b) J. J. Williams

   c) Dewi Bebb

10. Beth oedd enw'r ffilm gomedi am Rygbi'r Gynghrair a gafodd ei ffilmio ar gae rygbi Llanharan yn 1998, gyda Neil Morrissey a Samantha Womack yn y prif rannau a Ray Gravell yn actio rhan dyfarnwr?

11. Beth oedd enw brawd Phil Ford, y chwaraewr rhyngwladol Rygbi'r Gynghrair a enillodd wyth cap dros Gymru ar ddechrau'r 1990au?

12. Llysenw pa gapten tîm Awstralia oedd 'Nobody'?

13. Pa chwaraewr sydd wedi ennill gwobr Chwaraewr Gorau'r Flwyddyn yr IRB dair gwaith?

14. Tîm rygbi pa wlad gafodd ddamwain awyren ym mynyddoedd yr Andes ar 13 Hydref 1972, gan adael dim ond 16 o'r 45 person oedd ar yr awyren yn fyw?

15. I ba dîm y bu cefnwr De Affrica, Percy Montgomery, yn chwarae rhwng 2003 a 2005?

16. Sawl cap enillodd Martyn Williams dros Gymru?

17. Pwy daclodd Sam Warburton cyn derbyn cerdyn coch yn erbyn Ffrainc yn rownd gyn-derfynol Cwpan y Byd 2011?

18. Pa wrthwynebydd o ganolwr dros Loegr oedd Tim Horan yn ei edmygu fwyaf?

19. Pa gomedïwr ddywedodd: 'Rugby is a game for the mentally deficient . . . That is why it was invented by the British. Who else but an Englishman could invent an oval ball?'

a) Michael Palin

b) Peter Cook

c) Spike Milligan

20. Beth oedd enw'r maswr a chwaraeodd yn erbyn Cymru yn 1980 a sgorio cais, ac a fu farw yn ystod gêm glwb yn Awstralia yn 1984 yn 26 oed?

Atebion Cwis 1

1. Gary ac Alan Whetton
2. Owen
3. Y mwyaf o geisiau rhyngwladol erioed, sef 69 o geisiau
4. Seland Newydd
5. Venezuela
6. George Gregan
7. 1953
8. 49
9. Dewi Bebb
10. *Up'n'Under*
11. Steve Ford
12. John Eales, oherwydd 'nobody's perfect'
13. Richie McCaw
14. Uruguay
15. Dreigiau Gwent
16. 100
17. Vincent Clerc
18. Jeremy Guscott
19. Peter Cook
20. Nicky Allen

Cwis 2

1. Am ba gyn-chwaraewr o Gymro o'r 1970au roedd Dic Jones yn sôn yn yr englyn hwn?

    Dy ryfeddod oedd codi – ein hen gêm
    Yn gelf i'w chlodfori,
    A chreu atgof ynof fi
    O'r oes aur i'w thrysori.

2. Beth yw enw'r cyn-faswr chwaraeodd dros Iwerddon rhwng 1993 a 1999, sy'n Gyfarwyddwr Hyfforddi talaith Connacht erbyn hyn?

3. Pa gefnwr Cymraeg a enillodd wobr Chwaraewr Ifanc Rhyngwladol y Flwyddyn gan y Bwrdd Rygbi Rhyngwladol yn 2001?

4. Faint oedd gwerth gôl adlam rhwng tymor 1891-92 a thymor 1947-48?

    a) 1

    b) 2

    c) 4

5. Beth oedd enw'r bachwr o dîm Dreigiau Gwent a ddewiswyd i chwarae gyda Chymru yng Nghwpan y Byd 2011, lle enillodd saith cap, ond bu'n rhaid iddo ymddeol ar sail cyngor meddygol ym mis Ebrill 2012?

6. Ym mha dref yng Nghymru y ganwyd mewnwr Lloegr, Dewi Morris, a chefnwr Cymru, Mark Wyatt?

7. Pa ganolwr o Seland Newydd sydd hefyd yn focsiwr pwysau trwm llwyddiannus?

8. Enillodd y mewnwr Bryan Redpath 60 cap dros yr Alban ond sawl gêm gymerodd hi iddo sgorio'i gais rhyngwladol cynta?

    a) 31

    b) 43

    c) 59

9. Pa dîm sy'n chwarae yn yr Old Parish?

   a) Maesteg

   b) Beddau

   c) Pont-y-pŵl

10. Pwy oedd y chwaraewr ifancaf erioed i sgorio deg cais dros ei wlad?

11. Sawl chwaraewr o dîm Cymru sydd wedi cael cerdyn coch mewn gêm ryngwladol?

   a) 5

   b) 6

   c) 7

12. Pa gyn-flaenasgellwr dros Gymru a ymddangosodd yn y gyfres *Cariad@Iaith* ar S4C yn 2011?

13. Pwy oedd capten tîm Seland Newydd pan enillon nhw Gwpan y Byd yn 1987?

14. Pa faswr, a enillodd ddeg cap dros Loegr, aeth i'r ysgol ym Massaleg, ger Casnewydd, a chwarae dros Ysgolion Cymru?

   a) Les Cusworth

   b) Huw Davies

   c) Stuart Barnes

15. Pa dîm taleithiol bu Graham Henry yn hyfforddwr arno rhwng 1992 ac 1997?

   a) Waikato

   b) Auckland

   c) Wellington

16. Pwy oedd partner Brian Thomas yn yr ail reng mewn 18 gêm allan o 21 dros ei wlad?

17. Pa gyn-fewnwr i Gymru ddaeth yn Bennaeth Chwaraeon BBC Cymru ar ôl Cliff Morgan?

18. Ym mha ddinas yn Ne Affrica mae maes Loftus Versfeld, cartref tîm rygbi'r Blue Bulls?

19. Pwy oedd hyfforddwr Cymry Llundain pan ymunodd Gavin Henson â nhw ym mis Gorffennaf 2012?

20. Pa gyn-brop dros Loegr ddywedodd wrth orffen ei gêm olaf dros Gaerfaddon yn 1993: 'I thought I would have a quiet pint . . . and about 17 noisy ones'?

Atebion Cwis 2

1. Gerald Davies
2. Eric Elwood
3. Gavin Henson
4. 4
5. Lloyd Burns
6. Crughywel
7. Sonny Bill Williams
8. 43
9. Maesteg
10. George North
11. 7 (Geoff Wheel, Paul Ringer, Huw Richards, Kevin Moseley, Garin Jenkins, John Davies, Sam Warburton)
12. Colin Charvis
13. David Kirk
14. Stuart Barnes
15. Auckland
16. Brian Price
17. Onllwyn Brace
18. Pretoria
19. Lyn Jones
20. Gareth Chilcott

Cwis 3

1. Pa chwaraewr enillodd chwe chap dros Awstralia fel mewnwr yn 1987, cyn troi ei olygon at Iwerddon ac ennill naw cap fel maswr iddyn nhw rhwng 1989 a 1991?
2. Ym mha etholaeth y safodd yr hyfforddwr a'r cyn-chwaraewr Carwyn James fel ymgeisydd Plaid Cymru yn Etholiad Cyffredinol 1970?
3. Chwaraeodd y blaenasgellwr rhyngwladol Michael Jones dros Seland Newydd a pha dîm rhyngwladol arall?
4. Fe gafodd y prop Armand Vaquerin ei ladd wrth gymryd rhan mewn beth yn 1993?

   a) naid *bungee*

   b) syrffio

   c) gêm o *Russian Roulette*
5. Beth oedd llysenw Joe Stanley, canolwr Seland Newydd?
6. Beth oedd enw'r sgandal pan ddywedodd y chwaraewyr Shane Howarth, Brett Sinkinson a Dave Hilton gelwydd am eu tras Gymreig?
7. Ar wahân i dîm Fylde, gyda pha glwb y treuliodd y clo Seisnig Wade Dooley ran helaethaf ei yrfa?
8. Beth oedd enw mewnwr Trecelyn a gafodd ei ladd mewn damwain ar safle adeiladu yn 1994, ac a fu ar daith gyda Chymru i Namibia yn 1990?
9. Pwy gyfarwyddodd y ffilm *Invictus* am rownd derfynol Cwpan y Byd 1995?
10. Pan ddychwelodd Scott Quinnell i Rygbi'r Undeb ar ôl dwy flynedd o Rygbi'r Gynghrair, â pha glwb yn Lloegr ymunodd e?
11. Pwy enillodd wobr Chwaraewr Gorau'r Flwyddyn gan y bwrdd Rygbi Rhyngwladol yn 2008?

12. Pa dîm o'r gorllewin enillodd Gwpan Konica Minolta yn 2007 yn erbyn Caerdydd?
13. Pwy oedd y Cymro cynta i sgorio cais gwerth pedwar pwynt dros Gymru yn 1972?
14. Â pha dîm yr ymunodd Shaun Edwards fel hyfforddwr amddiffyn ym mis Mai 2012?
    a) Gwyddelod Llundain
    b) Wasps
    c) Sale
15. Beth oedd enw brawd Rupert Moon, a fu'n cynrychioli tîm Lloegr B fel mewnwr?
16. Pa chwaraewr bydenwog ddaeth i chwarae i dîm Gleision Caerdydd yn nhymor 2005-06, chwarae deg gwaith a sgorio un cais?
17. Pwy oedd hyfforddwr yr Alban rhwng 2005 a 2009, cyn Andy Robinson?
18. Ar ôl i'r cyn-chwaraewr rhyngwladol a'r hyfforddwr Lyn Jones ddychwelyd o Abu Dhabi yn 2011, pa dîm yr aeth e i'w hyfforddi?
19. Pwy oedd maswr Cymru pan enillon nhw yn erbyn Seland Newydd yn 1953?
    a) Billy Cleaver
    b) Cliff Morgan
    c) Roy Burnett

Atebion Cwis 3

1. Brian Smith
2. Llanelli
3. Samoa neu Orllewin Samoa
4. Gêm o *Russian Roulette*
5. 'Smokin' Joe'
6. 'Grannygate'
7. Preston Grasshoppers
8. Steve Fealey
9. Clint Eastwood
10. Richmond
11. Shane Williams
12. Llanymddyfri
13. J. P. R. Williams
14. Gwyddelod Llundain
15. Richard
16. Jonah Lomu
17. Frank Hadden
18. Cymry Llundain
19. Cliff Morgan

Cwis 4

1. Pwy oedd y 'Bayonne Express'?

   a) Serge Blanco

   b) Patrice Lagisquet

   c) Philippe Saint-André

2. Pa ganolwr oedd y cynta o dîm rygbi Seland Newydd i droi at grefydd Islam?

3. Yn nhîm Cymru yn erbyn Ffrainc yn 1975, sawl cap newydd oedd gan Gymru pan enillon nhw'r gêm 25–10 yn y Parc des Princes?

4. Pa faswr sydd wedi sgorio 380 o bwyntiau dros Ffrainc, sef y nifer fwyaf o bwyntiau dros ei wlad hyd at fis Tachwedd 2012?

5. Pa ganolwr ac asgellwr o Gymro gafodd ei eni yn Mufulira yn Zambia yn 1975?

6. Pa ddigwyddiad arwyddocaol a fu cyn y gêm hanesyddol pan gurodd Cymru'r Crysau Duon am y tro cynta ym Mharc yr Arfau yn 1905?

7. Pa ganolwr a anwyd yn 1923 oedd yn cael ei adnabod fel 'The Prince of Centres'?

8. Pa gyn-asgellwr Gwyddelig oedd biliwnydd cyntaf Iwerddon?

9. Heblaw am Seland Newydd, i ba dîm rhyngwladol arall y chwaraeodd y maswr Frano Botica?

10. Pa flaenasgellwr o Bridgnorth a chwaraeodd dros Abertawe rhwng 1972 ac 1981 ac ennill pedwar cap dros Loegr yn 1976?

11. Beth oedd enw mewnwr dawnus yr Eidal a fu farw'n sydyn yn 1999 yn 31 oed?

12. Pa wlad enillodd y Gamp Lawn am y tro cynta yn 1908?
    a) Lloegr b) Ffrainc c) Cymru
13. I ba glwb yn Awstralia y bu David Campese yn chwarae rhwng 1987 a 1998?
14. Pwy oedd hyfforddwr Cymru pan enillon nhw'r Goron Driphlyg yn 1988?
15. Pa gyn-ganolwr i Gymru, Caerdydd, Casnewydd a Phont-y-pŵl yn y 1980au a'r 1990au sydd hefyd wedi bod yn gynghorydd Plaid Cymru yn ardal Caerffili?
16. Â pha gyn-gapten tîm Iwerddon mae'r cyflwynydd teledu Sarra Elgan yn briod?
17. Hunangofiant pa gyn-chwaraewr rhyngwladol dros Loegr a sylwebydd rygbi yw *Matches, Microphones and MS*?
18. Beth yw enw prop a chapten tîm Fiji a ddechreuodd chwarae i'r Sgarlets yn 2006?
    a) Paula Bale b) Deacon Manu c) Setefano Cakau
19. Beth oedd enw tad Tom Shanklin, a chwaraeodd dros Gymru bedair gwaith rhwng 1970 a 1973?
20. Pwy oedd capten Cymru pan enillon nhw'r Gamp Lawn yn 1978?

Atebion Cwis 4

1. Patrice Lagisquet
2. Sonny Bill Williams
3. Chwech (Graham Price, Charlie Faulkner, Ray Gravell, Steve Fenwick, John Bevan [maswr], Trevor Evans)
4. Christophe Lamaison
5. Dafydd James
6. Canu 'Hen Wlad Fy Nhadau' am y tro cynta mewn ymateb i'r 'Haka' (y tro cynta erioed i anthem gael ei chanu cyn unrhyw ddigwyddiad chwaraeon)
7. Bleddyn Williams
8. Syr Tony O'Reilly
9. Croatia
10. Mark Keyworth
11. Ivan Francescato
12. Cymru
13. Clwb Rygbi Randwick
14. Tony Gray
15. Roger Bidgood
16. Simon Easterby
17. Alastair Hignell – Higgy
18. Deacon Manu
19. Jim
20. Phil Bennett

Cwis 5

1. Beth yw enw'r cwpan mae Seland Newydd ac Awstralia'n cystadlu amdano pan maent yn chwarae yn erbyn ei gilydd?

2. Pa Gymro adawodd Caerloyw a symud i'r Melbourne Rebels yn 2011?

3. Beth yw enw tad mewnwr Cymru, Lloyd Williams, a enillodd dri chap dros Gymru a thri chap dros y Llewod?

   a) Bleddyn

   b) Brychan

   c) Brynmor

4. Pa hyfforddwr gafodd ei wahardd am dair blynedd yn dilyn sgandal 'Bloodgate' yn 2009?

5. Pa chwaraewr o Gymro enillodd gap rhif 55 yn erbyn yr Alban yn 1981?

6. Beth oedd enw'r chwaraewr dadleuol o Seland Newydd a neidiodd allan o'r llinell yn erbyn Cymru yn 1978, a arweiniodd at gic gosb yn erbyn Cymru, ac enillodd y gêm o 13 pwynt i 12 i Seland Newydd?

7. Yn erbyn pa focsiwr bydenwog yr ymladdodd y cyn-ganolwr Jack Matthews mewn gornest focsio amatur yn Sain Tathan yn 1943?

   a) Tommy Farr

   b) Joe Louis

   c) Rocky Marciano

8. Ar ôl record Rory Underwood, yr ail nifer fwyaf o geisiau a sgoriwyd dros Loegr yw 31. Mae dau ddyn wedi sgorio'r nifer yma, sef Ben Cohen a pha ganolwr arall o'r un cyfnod?

9. Pa faswr enwog fu'n chwarae dros yr Ariannin rhwng 1971 ac 1990, a sgorio 590 o bwyntiau?

10. Pa wlad enillodd y Gamp Lawn yn 1990?

11. Mewn gêm rhwng Ffrainc ac Iwerddon ym Mhencampwriaeth y Pum Gwlad yn 1985, fe welwyd baner yn y dorf yn dweud: 'Our Willie's bigger than your Condom!' Jean Condom oedd y 'Condom' ond pwy oedd y 'Willie'?

12. Ym mha flwyddyn yr enillodd Barry John, Gerald Davies a Delme Thomas eu capiau cyntaf? Yn yr un flwyddyn, digwyddodd trychineb Aberfan a ganwyd y canolwr John Devereux a'r bachwr Garin Jenkins.

    a) 1964

    b) 1966

    c) 1967

13. Hyd at fis Mai 2012, pa record oedd y blaenwr Takashi Kikutani o Japan yn ei ddal?

14. Â pha dîm yr ymunodd Gethin Jenkins ar gyfer tymor 2012-13?

15. Beth oedd enw'r Cymro o Ddyffryn Aman a serennodd i Gaerlŷr rhwng 1969 ac 1978, gan chwarae dros 333 o gemau drostynt yn safle'r maswr ac yna mynd yn sylwebydd chwaraeon i BBC Leicester?

16. Pa gyn-flaenasgellwr o dîm Ffrainc yn ystod y 1970au a enillodd 46 o gapiau, yna hyfforddi'r tîm cenedlaethol rhwng 1995 ac 1999?

    a) Jean-Claude Skrela

    b) Jean-Pierre Rives

    c) Claude Spanghero

17. Sut mae'r cyn-faswr cenedlaethol, Jonathan Davies, a'r cyn-flaenwr cenedlaethol, Phil Davies, yn perthyn?

    a) cefndryd

    b) brodyr

    c) brodyr-yng-nghyfraith

18. Pa gyn-faswr o Loegr oedd â'r llysenw 'Squeaky'?

19. Pwy oedd hyfforddwr Iwerddon cyn i Warren Gatland gymryd drosodd yn 1998?

    a) Ciaran Fitzgerald

    b) Brian Ashton

    c) Murray Kidd

20. Pa dîm sydd wedi bod mewn chwe rownd derfynol Cwpan Heineken i fyny at 2012?

    a) Munster

    b) Toulouse

    c) Leicester Tigers

Atebion Cwis 5

1. Cwpan Bledisloe
2. Gareth Delve
3. Brynmor
4. Dean Richards
5. J. P. R. Williams
6. Andy Haden
7. Rocky Marciano
8. Will Greenwood
9. Hugo Porta
10. Yr Alban
11. Willie Anderson
12. 1966
13. Y nifer fwyaf o geisiau i flaenwr, gyda 23
14. RC Toulon
15. Bleddyn Jones
16. Jean-Claude Skrela
17. Brodyr-yng-nghyfraith (mae Phil Davies yn briod â chwaer Jonathan Davies)
18. Rob Andrew
19. Brian Ashton
20. Toulouse

Cwis 6

1. Pwy oedd rheolwr taith y Llewod i Awstralia yn 1989?

   a) Clive Rowlands

   b) Roger Uttley

   c) Willie John McBride

2. Pa dîm o Ffrainc sy'n chwarae yn y Parc des Sports Aguilera?

3. Pwy oedd prif sgoriwr ceisiau Cwpan y Byd 1995?

   a) David Campese

   b) Mark Ellis

   c) Jonah Lomu

4. Pa flaenasgellwr gafodd ei enwi'n Chwaraewr Gorau Cymru yn 1974 a 1978?

5. Pa glwb yn Seland Newydd sy'n chwarae ym Mharc Lancaster, Christchurch?

6. Pa faswr adawodd tîm Casnewydd i fynd i Rygbi'r Gynghrair at dîm Salford yn 1967 am £15,000?

7. Faint oedd gwerth cais rhwng tymor 1948-49 a thymor 1970-71?

8. Pwy sgoriodd unig gais Lloegr yn rownd derfynol Cwpan y Byd 2003 pan enillon nhw'r cwpan?

   a) Jason Robinson

   b) Ben Cohen

   c) Josh Lewsey

9. Pa ysgol sy'n cysylltu Ray Gravell, Gerald Davies a Roy Bergiers?

   a) Ysgol Ramadeg y Gwendraeth

   b) Ysgol Ramadeg y Frenhines Elizabeth, Caerfyrddin

   c) Ysgol Ramadeg Hendy-gwyn ar Daf

10. Pa 'Scotland' fu'n chwarae dros yr Alban fel cefnwr rhwng 1957 a 1965?

11. Pa ysgol sy'n cysylltu'r chwaraewyr Clive Rowlands, Kevin Hopkins ac Adam Jones?

12. Pa ail reng o Ffrainc fwriodd brop Cymru Ricky Evans yn y gêm rhwng Ffrainc a Chymru yn y Parc des Princes yn 1995, a pheri i Evans droi ar, a thorri, ei bigwrn?

    a) Jean Condom

    b) Olivier Roumat

    c) Olivier Merle

13. Beth yw enw prif gae chwarae Munster yn Limerick?

14. Mae'r chwaraewyr Rory Lawson, Nicky Robinson a James Simpson-Daniel wedi chwarae i'r un clwb, ond pa un?

15. Pwy oedd partner Robert Sidoli yn yr ail reng i Gymru ar ddechrau Pencampwriaeth y Chwe Gwlad yn 2005?

16. Ers 2010, bu'r actores Kelly Brook yn gysylltiedig â pha gyn-asgellwr Albanaidd, a orfodwyd i orffen ei yrfa ar ôl damwain gas yn erbyn Cymru yn yr un flwyddyn?

17. Yn erbyn pa dîm y sgoriodd Shane Williams ddau gais yn ei gêm olaf i'r Gweilch yn 2012?

18. Yn y gêm rhwng y Barbariaid a Seland Newydd yn 1973, pwy oedd yn safle'r asgell chwith i Seland Newydd?

19. Pwy oedd capten Iwerddon pan enillon nhw Bencampwriaeth y Chwe Gwlad yn 2009?

    a) Paul O' Connell

    b) Brian O'Driscoll

    c) Jamie Heaslip

20. I ba glwb uwch adran Cymru yr oedd Steve Fenwick yn chwarae?

Atebion Cwis 6

1. Clive Rowlands
2. Biarritz Olympique
3. Jonah Lomu (saith cais)
4. Terry Cobner
5. Canterbury
6. Dai Watkins
7. Tri phwynt
8. Jason Robinson
9. Ysgol Ramadeg y Frenhines Elizabeth, Caerfyrddin
10. Ken
11. Ysgol Gyfun Maes y Dderwen, Ystradgynlais
12. Olivier Merle
13. Parc Thomond
14. Caerloyw
15. Brent Cockbain
16. Thom Evans
17. Leinster
18. Grant Batty
19. Brian O'Driscoll
20. Pen-y-bont

Cwis 7

1. Pa Albanwr oedd capten tîm y Llewod ar eu taith i Awstralia yn 1989?

2. Yn erbyn pa wlad y sgoriodd Cymru 16 cais yn 1994?

   a) Zimbabwe

   b) Portiwgal

   c) Japan

3. Pa chwaraewr sgoriodd y cais a enillodd y gêm i Gymru yn erbyn Seland Newydd yn 1953, ac ennill Personoliaeth Chwaraeon y Flwyddyn BBC Cymru yn 1954?

4. Yn 1994, yn y gêm rhwng Fiji a Chymru, enwodd Cymru linell dri chwarter o'r un clwb, Llanelli. Ieuan Evans a Wayne Proctor oedd yr asgellwyr a Nigel Davies oedd un o'r canolwyr. Ond pwy oedd y canolwr arall?

5. Pa dîm o Went sgoriodd Toulouse 108 o bwyntiau yn eu herbyn yn ystod Cwpan Heineken 1999?

6. Pan enillodd Cymry Llundain ddyrchafiad i uwch adran rygbi Lloegr yn 2012, pa dîm gafodd ei anfon lawr i'r Bencampwriaeth?

7. Ym mhle'r oedd Brian O'Driscoll i fod pan wynebodd Leinster Toulouse yn rownd gyn-derfynol Cwpan Heineken yn 2011?

8. Chwaraeodd Len Blyth, blaenasgellwr Abertawe, deirgwaith dros ei wlad, ond pwy oedd ei fab, a chwaraeodd chwe gwaith dros Gymru fel cefnwr?

9. I ba dîm roedd Sebastien Carrat yn chwarae yn nhymor 1996-1997, pan sgoriodd ddeg cais ym Mhencampwriaeth Cwpan Heineken, y nifer fwyaf o geisiau hyd yn hyn mewn un tymor yn y bencampwriaeth honno?

   a) Toulouse

   b) Brive

   c) Castres

10. Pa gyn-chwaraewr rygbi o Sarn ymddangosodd ar y rhaglen *Cariad@Iaith* ar S4C yn 2012?

11. Teitl hunangofiant pa fewnwr o Loegr, a anwyd yn Nulyn ac a enillodd 51 cap rhwng 1993 a 2003 oedd *Behind the Scrum*?

12. I ba ysgol gyfun yr aeth y chwaraewyr rhyngwladol Nicky a Jamie Robinson a Jamie Roberts?

13. Beth oedd enw cefnwr Seland Newydd o Lewisham yn Llundain, a enillodd 18 cap rhwng 1987 ac 1989 cyn symud i dîm Rygbi'r Gynghrair Leeds?

14. Pa gyn-asgellwr dros yr Alban briododd Gabby Yorath yn 2001?

15. Pwy oedd capten Cymru pan enillon nhw'r Gamp Lawn yn 1975?

16. Pa brop, a anwyd yn Lloegr, wnaeth oresgyn canser ddwywaith cyn ennill ei gap cyntaf dros Gymru yn 2005?

17. Pa gefnwr Gwyddelig a gyhoeddodd ei ymddeoliad o rygbi cenedlaethol ym mis Mai 2012?

18. Ym mha wlad y cafodd cyn-reng ôl Awstralia, Willie Ofahengaue, ei eni?

    a) Seland Newydd

    b) Samoa

    c) Tonga

19. Enw canol pa chwaraewr enwog dros Gymru yn y 1970au yw Reames?

20. Pa un o'r rhain sydd heb fod yn gapten ar ei wlad?

    a) Rory Underwood

    b) Jonathan Davies

    c) Robert Jones

Atebion Cwis 7

1. Finlay Calder
2. Portiwgal
3. Ken Jones
4. Neil Boobyer
5. Glyn Ebwy
6. Newcastle Falcons
7. Priodas y Tywysog William a Kate Middleton
8. Roger Blyth
9. Brive
10. Gareth 'Alfie' Thomas
11. Kyran Bracken
12. Ysgol Gyfun Glantaf, Caerdydd
13. John Gallagher
14. Kenny Logan
15. Mervyn Davies
16. Chris Horsman
17. Geordan Murphy
18. Tonga
19. Gerald Davies
20. Rory Underwood

Cwis 8

1. Pwy sgoriodd yr unig gais yn y gêm rhwng Seland Newydd a Llanelli ar 31 Hydref 1972, pan enillodd Llanelli o naw pwynt i dri?
   a) Andy Hill
   b) Roy Bergiers
   c) Phil Bennett
2. Pa wlad enillodd y Gamp Lawn yn 1948?
   a) Cymru
   b) Iwerddon
   c) Ffrainc
3. Pa dîm yw'r mwyaf llwyddiannus yn hanes Pencampwriaeth Saith-Bob-Ochr Snelling?
   a) Casnewydd
   b) Llanelli
   c) Caerdydd
4. Pwy oedd capten tîm rygbi Lloegr pan enillon nhw Gwpan y Byd yn 2003?
5. Pwy sgoriodd y nifer fwyaf o geisiau dros Gymru yn ystod y 1980au?
   a) Ieuan Evans
   b) Jonathan Davies
   c) Adrian Hadley
6. Pa chwaraewr oedd yn cael ei adnabod fel y 'Casque d'Or' (Helmed Aur)?
7. Ar ôl Jonny Wilkinson, pa gyn-faswr sydd â'r nifer fwyaf o bwyntiau dros Loegr sef 400?
   a) Rob Andrew
   b) Paul Grayson
   c) Dusty Hare
8. Pa gyn-brop a chwaraeodd 27 gwaith i Gymru, yn ogystal â chwarae dros glybiau Gleision Caerdydd, Sale Sharks a Calvisano, sydd erbyn hyn yn chwarae i Glwb Rygbi Jersey?

9. Pwy oedd yr unig chwaraewr nad oedd yn Gymro a fu'n rhan o'r symudiad a arweiniodd at y cais bythgofiadwy a sgoriwyd gan Gareth Edwards, ac a ddechreuwyd gan Phil Bennett, yn y gêm rhwng y Barbariaid a Seland Newydd ym mis Ionawr 1973?
   a) David Duckham
   b) Fergus Slattery
   c) John Pullin
10. Llysenw pa chwaraewr o Gymru oedd 'Nugget'?
11. Ym mha ddinas mae Stadiwm Aviva?
12. Pa fath o bysgodyn y gwnaeth Gareth Edwards ei ddal ar Lyn Llandegfedd yn 1990, gan dorri record pysgota Prydain?
13. Sawl llinell a gafwyd yn y gêm enwog rhwng yr Alban a Chymru yn 1963, pan giciodd y mewnwr a'r capten Clive Rowlands bron pob pêl a ddaeth iddo tuag at yr ystlys?
   a) 91
   b) 101
   c) 111
14. Beth yw enw'r canolwr sgoriodd y cais cyflymaf erioed mewn gêm rygbi, sef naw eiliad, yn erbyn Cymru yn 1999?
   a) Richard Dourthe (Ffrainc)
   b) Pieter Muller (De Affrica)
   c) John Leslie (yr Alban)
15. Am bwy roedd David Pickering yn sôn pan ddywedodd 'The Man with the Midas Touch' amdano?
16. Pa chwaraewr briododd y cyflwynydd Andrea Benfield yn 2012?
   a) Lee Byrne
   b) Jonny Wilkinson
   c) Gregor Townsend

17. Pam fod Caeau Raeburn Place yng Nghaeredin yn enwog?

    a) dyma oedd y man lle cafodd y gêm ryngwladol gyntaf ei chwarae rhwng Iwerddon a'r Alban

    b) dyma oedd y man lle cafodd y gêm ryngwladol gyntaf ei chwarae rhwng Cymru a'r Alban

    c) dyma oedd y man lle cafwyd y gêm ryngwladol gyntaf erioed ei chwarae rhwng yr Alban a Lloegr

18. Pa fewnwr fu'n cyflwyno'r rhaglen *X-Ray* ar BBC Cymru gyda Tanni Grey-Thompson?

19. Pwy oedd y Cymro cyntaf i fod yn gapten ar dîm y Llewod?

    a) Haydn Tanner

    b) Teddy Morgan

    c) Wilf Wooller

20. Ym mha stadiwm yng Nghymru y chwaraeodd Cymru yn erbyn Romania ym mis Awst 1997?

Atebion Cwis 8

1. Roy Bergiers
2. Iwerddon
3. Casnewydd (wedi ei ennill ddeg gwaith)
4. Martin Johnson
5. Adrian Hadley (naw cais)
6. Jean-Pierre Rives
7. Paul Grayson
8. Ben Evans
9. John Pullin
10. Martyn Williams
11. Dulyn
12. Penhwyad (pike) 45 pwys a chwe owns
13. 111 (sydd yn record o hyd)
14. John Leslie
15. Graham Henry
16. Lee Byrne
17. Dyma oedd y man lle cafwyd y gêm ryngwladol gyntaf erioed ei chwarae rhwng yr Alban a Lloegr
18. Rupert Moon
19. Teddy Morgan (yn 1904)
20. Cae Ras Wrecsam

Cwis 9

1. Pa glwb rygbi sy'n chwarae yn yr Oval?
   a) Treorci
   b) Cwmafan
   c) Llanilltud Faerdref
2. Beth oedd mor arbennig am y gêm rhwng Lloegr a'r Alban yn Twickenham ym mis Mawrth 1938?
   a) y tro cyntaf i chwaraewr rhyngwladol farw ar y cae
   b) y tro cyntaf i ddyfarnwr adael y cae oherwydd anaf
   c) y tro cyntaf i gêm gael ei darlledu ar y teledu
3. Teitl hunangofiant pa brop yw *Raging Bull*?
   a) Graham Price
   b) Phil Vickery
   c) Staff Jones
4. Ar wahân i Max Boyce, pa ganwr arall ganodd cyn gêm Cymru yn erbyn Lloegr yn Wembley yn 1999, pan sgoriodd Scott Gibbs y cais anfarwol arweiniodd at fuddugoliaeth i Gymru?
   a) Bryn Terfel
   b) Tom Jones
   c) Wynne Evans
5. Pa hyfforddwr ddywedodd, adeg Cwpan y Byd 1991, a Lloegr yn y rownd derfynol: 'If England win the Cup, God help rugby'?
   a) Alex Wyllie
   b) John Hart
   c) Ron Waldron
6. Beth oedd enw tad clo Cymru Bradley Davies, fu'n chwarae dros Bontypridd rhwng 1984 a 1990?
   a) Billy
   b) Bleddyn
   c) Barry

7. Beth yw enw brawd yr actor Andrew Teilo (Hywel yn *Pobol y Cwm*) fuodd yn chwarae yn y canol dros Lanelli?
   a) Simon Davies
   b) Nigel Davies
   c) Jonathan Davies
8. Pa hyfforddwr ar dîm Cymru yw'r mwyaf llwyddiannus, a 75 y cant o gemau wedi eu hennill o dan ei arweiniad yn ystod y pum mlynedd y bu'n eu hyfforddi?
   a) Clive Rowlands
   b) John Dawes
   c) Graham Henry
9. Pa seren ffilm oedd, yn ôl pob sôn, yn flaenasgellwr o fri yn ei ddydd, ddywedodd: 'To that town, Aberavon, and its rugby team, I pledge my continuing allegiance until death'?
10. Sawl gôl adlam mae Stephen Jones wedi eu sgorio yn ystod ei yrfa ryngwladol?
    a) chwech
    b) naw
    c) deuddeg
11. Pa faswr o Seland Newydd ddywedodd: 'The French are predictably unpredictable' ar ôl colli i Ffrainc yng Nghwpan y Byd 1999?
12. Dim ond pum chwaraewr sydd wedi bod yn gapten ar dîm Cymru yn eu gêm gynta dros eu gwlad. Roedd James Bevan yn gapten yng ngêm ryngwladol gynta Cymru yn 1881, Charles Lewis yn 1882, John Evans yn 1934, Clive Rowlands yn 1963, a pha fachwr yn 1984?
    a) Kevin Phillips
    b) Billy James
    c) Mike Watkins
13. Clybiau pa wlad sy'n cystadlu am y Cwpan Currie?

14. Beth yw enw'r stadiwm lle mae Ulster yn chwarae ei rygbi?
15. Pa faswr ymunodd â Gleision Caerdydd yn 2010 o dîm Rhyfelwyr Glasgow?
16. Pa Gymro sgoriodd i'r Barbariaid yn erbyn Cymru ym mis Mehefin 2012?
    a) Duncan Jones
    b) Shane Williams
    c) Richie Rees
17. Â pha glwb yr ymunodd Ieuan Evans ar ôl gadael Llanelli?
18. Yn 2006, pa gyn-chwaraewr dros Gymru yn y 1970au a fynnodd na ddylai 'Hen Wlad Fy Nhadau' gael ei chanu yn Saesneg gan gantores Wyddelig yn Lansdowne Road, a'r dorf yn ei chanu yn Gymraeg?
    a) Gareth Edwards
    b) Ray Gravell
    c) Gerald Davies
19. Yn rhaglen y Barbariaid v Seland Newydd o 1973 (sef y gêm â'r cais enwocaf), pwy gafodd ei enwi fel yr wythwr?
20. Beth yw enw cymeriad yr actor Hugh Griffith yn y ffilm *Grand Slam*?

Atebion Cwis 9

1. Treorci
2. Y tro cyntaf i gêm gael ei darlledu ar y teledu
3. Phil Vickery
4. Tom Jones
5. John Hart
6. Bleddyn
7. Simon Davies
8. John Dawes
9. Richard Burton
10. Chwech
11. Andrew Mehrtens
12. Mike Watkins
13. De Affrica
14. Ravenhill yn Belffast
15. Dan Parks
16. Richie Rees
17. Caerfaddon
18. Ray Gravell
19. Mervyn Davies (ond chwaraeodd e ddim, a chymerodd Tommy David ei le)
20. Caradog Lloyd Evans

Cwis 10

1. Ym mha stadiwm y chwaraewyd rownd derfynol Cwpan Heineken am y tro cyntaf yn 1996 rhwng Toulouse a Chaerdydd?

2. Pa fachwr sydd â'r nifer fwyaf o gapiau dros ei wlad i fyny at 2013?

   a) Rafaël Ibáñez

   b) Sean Fitzpatrick

   c) John Smith

3. Beth oedd enw'r cefnwr Gwyddelig enillodd dri chap dros Iwerddon yn 1979, ac o fewn tair blynedd a ddaeth yn Ddirprwy Brif Weinidog Iwerddon?

4. Pa wrthwynebydd o asgellwr dros Begles, Bayonne, Biarritz a Ffrainc roedd Rory Underwood yn ei edmygu fwyaf?

5. Ym mha brifysgol y sefydlwyd y tîm rygbi merched cyntaf yn 1962?

   a) Aberystwyth

   b) Lancaster

   c) Caeredin

6. Pa Sais sydd â'r nifer fwyaf o gapiau dros ei wlad?

7. Pa glwb o Loegr sy'n chwarae ar Barc Sandy?

8. Yn ôl y sôn, beth wnaeth chwaraewyr rygbi Cymru oedd yn gweithio yn y diwydiant dur, ei rwbio i law'r Prif Weinidog, Alec Douglas Home, wrth ysgwyd llaw ag e cyn y gêm yn erbyn Lloegr yn Twickenham yn 1964, fel arwydd o brotest ynglŷn â thaliadau gweithwyr?

   a) wyau

   b) Vaseline

   c) menyn

9. O ba wlad y daw cyn-chwaraewyr rhyngwladol yr Alban, John Leslie a'i frawd Martin?

10. Pa ganolwr o Awstralia gafodd ei gap cyntaf i Gymru yn erbyn yr Ariannin yn ystod Pencampwriaeth Cwpan y Byd 1999 yn Stadiwm y Mileniwm?

11. Pa glwb yn Ne Affrica sy'n chwarae yn Ellis Park, Johannesburg?

12. Yn erbyn pa wlad yn Ne America y sgoriodd yr Ariannin 152 o bwyntiau yn 2002?

    a) Paraguay

    b) Bolivia

    c) Uruguay

13. Pwy oedd capten Cymru pan enillon nhw'r Goron Driphlyg yn 1988?

    a) Richard Moriarty

    b) Bleddyn Bowen

    c) David Pickering

14. Beth yw enw brawd yr actor Daniel Evans, a enillodd un cap dros Gymru yn 1991 ac sydd erbyn hyn yn ddeintydd llwyddiannus yn Awstralia?

15. Pa Gymro sydd wedi sgorio'r nifer fwyaf o drosiadau erioed dros ei wlad?

    a) Stephen Jones

    b) Neil Jenkins

    c) Barry John

16. Pa actores fydenwog ddywedodd, yn 1972: 'I prefer rugby to soccer. I enjoy the violence in rugby, except when they start biting each other's ears off'?

    a) Bette Davis

    b) Elizabeth Taylor

    c) Rachel Roberts

17. Yn erbyn pwy yr enillodd blaenasgellwr Cymru, Martyn Williams, ei gap cynta yn 1996, a'i gap diwethaf yn 2012?

18. Pwy oedd gwneuthurwyr pêl swyddogol y pum Cwpan y Byd diwethaf?

a) Adidas

b) Gilbert

c) Umbro

19. Ar ba dîm rhyngwladol mae Heyneke Meyer yn hyfforddwr ers 2012?

a) Unol Daleithiau America

b) Samoa

c) De Affrica

20. Ym mha goleg y sefydlwyd y clwb rygbi cyntaf yng Nghymru yn 1850?

a) Aberystwyth

b) Bangor

c) Llanbedr Pont Steffan

Atebion Cwis 10

1. Parc yr Arfau, Caerdydd
2. John Smith (111 o gapiau)
3. Dick Spring
4. Patrice Lagisquet
5. Caeredin
6. Jason Leonard
7. Exeter Chiefs
8. Vaseline
9. Seland Newydd
10. Jason Jones Hughes
11. Golden Lions
12. Paraguay
13. Bleddyn Bowen
14. Luc Evans
15. Stephen Jones (gyda 153)
16. Elizabeth Taylor
17. Y Barbariaid
18. Gilbert
19. De Affrica
20. Llanbedr Pont Steffan

Cwis 11

1. Pwy oedd capten Castell-nedd pan enillon nhw Gwpan Schweppes yn 1990?
   a) Paul Thorburn
   b) Glyn Llewellyn
   c) Kevin Phillips
2. Yn ôl y chwedl, pwy gododd bêl-droed yn ei ddwylo a rhedeg gyda hi yn Ysgol Rygbi yn 1823, gan sefydlu gwreiddiau camp rygbi?
   a) Mickey Steele Bodger
   b) William Webb Ellis
   c) David Calcutta
3. Pa gapten dros Loegr ddywedodd hyn: 'If the game is run properly as a professional game, you do not need 57 old farts running rugby'?
4. Ar sawl taith Llewod yr aeth Willie John McBride fel chwaraewr?
   a) 3 b) 4 c) 5
5. Beth yw gwaith y cyn-asgellwr dros Loegr, Tony Underwood?
   a) peilot
   b) aelod seneddol
   c) cyfreithiwr
6. Pwy gurodd Awstralia ar 5 Mehefin 2012 ar ôl colli eu saith gêm flaenorol yn eu herbyn?
7. Pa Gymro sgoriodd gais yn ei gêm gynta dros ei wlad yn erbyn y Barbariaid yn 2012?
8. Pa Wyddel enillodd wobr Chwaraewr Rhyngwladol y Flwyddyn gan y Bwrdd Rygbi Rhyngwladol yn 2001?
   a) Brian O'Driscoll
   b) Keith Wood
   c) Paul O'Connell

9. Pa ganolwr Albanaidd oedd yn arfer chwarae dros glwb Kelso, symudodd i Glwb Rygbi'r Gynghrair Widnes yn 1988 a thîm Leeds yn 1992, cyn dychwelyd i Rygbi'r Undeb a thîm Newcastle yn 1996, a chael mwy o gapiau dros dîm yr Alban?

10. Cerflun o ba arwr rhyfel, barnwr a Llywydd Undeb Rygbi Cymru rhwng 1993 a 2004 sydd y tu allan i Gât C Stadiwm y Mileniwm?

11. Pa ddwy wlad sy'n cystadlu am Gwpan Bledisloe?
    a) Seland Newydd a De Affrica
    b) Awstralia a Seland Newydd
    c) De Affrica ac Awstralia

12. Fe briododd Rafaël Ibáñez ac Olivier Magne â chwiorydd pa ganolwr a chwaraeodd dros Ffrainc?
    a) Richard Dourthe
    b) Franck Mesnel
    c) Stéphane Glas

13. Pwy wrthododd MBE yn 1971 oherwydd ei fod yn genedlaetholwr o Gymro?

14. Pa gyn-faswr i Lanelli giciodd ddwy gôl adlam yn erbyn Ffrainc yn ei gêm gynta dros ei wlad ar 28 Mehefin 1986?

15. Pa faswr Albanaidd chwaraeodd 32 o weithiau dros ei wlad a chwarae am bymtheg mlynedd i glwb Headingley?

16. Pwy oedd dyfarnwr rownd derfynol Cwpan y Byd 1987, a fu farw yn 43 oed yn 1991?

17. Pwy oedd yr unig Wyddel i chwarae mewn prawf yn nhaith y Llewod i Awstralia yn 1989?
    a) Phil Matthews
    b) Brendan Mullin
    c) Simon Geoghegan

18. Pwy roddodd y bàs ddiwethaf i Scott Gibbs sgorio yn erbyn Lloegr yn Wembley yn 1999?

    a) Scott Quinnell

    b) Chris Wyatt

    c) Ben Evans

19. Enw arall ar ba safle yw'r 'break-away' yn Awstralia?

20. Pa rif crys y gwisgodd Nelson Mandela yn rownd derfynol Cwpan y Byd yn 1995?

Atebion Cwis 11

1. Kevin Phillips
2. William Webb Ellis
3. Will Carling
4. 5
5. Peilot (i Virgin Atlantic)
6. Yr Alban
7. Harry Robinson
8. Keith Wood
9. Alan Tait
10. Syr Tasker Watkins
11. Awstralia v Seland Newydd
12. Richard Dourthe
13. Carwyn James (ar ôl llwyddiant y Llewod yn erbyn Seland Newydd)
14. Frano Botica
15. Ian McGeechan
16. Kerry Fitzgerald
17. Brendan Mullin (y prawf cyntaf)
18. Scott Quinnell
19. Blaenasgellwr
20. Rhif chwech

Cwis 12

1. Hyd at 2010, sawl gwaith mae chwaraewr rygbi wedi ennill gwobr Personoliaeth Chwaraeon y Flwyddyn BBC Cymru?

   a) 4

   b) 10

   c) 15

2. Pa chwaraewr oedd y cyntaf i ennill cant o gapiau?

   a) Philippe Sella

   b) Jason Leonard

   c) Stephen Larkham

3. Ble ganwyd Jeremy Guscott?

4. Cerflun o ba chwaraewr o Gymro sydd i'w weld yng Nghanolfan Siopa Dewi Sant yng Nghaerdydd?

   a) Gareth Edwards

   b) Bleddyn Williams

   c) Terry Holmes

5. Pa gyn-chwaraewr gafodd ei wneud yn hyfforddwr Sgarlets Llanelli ym mis Mehefin 2012?

6. Pwy oedd y dyfarnwr a helpodd Ieuan Evans i sgorio'i gais 'Merlin the Magician' drwy redeg o flaen y taclwr olaf yn y gêm rhwng Cymru a'r Alban yn 1988?

   a) Fred Howard

   b) Yves Bressy

   c) Owen Doyle

7. Pa gyn-faswr Awstralaidd ddioddefodd strôc ym mis Ebrill 2012?

8. Cyn 1954, ble oedd Iwerddon yn chwarae ei gemau cartref i gyd?

9. Pa ganolwr o Loegr gafodd ei ddewis i fynd ar daith y Llewod i Dde Affrica yn 1997, a hynny cyn cael cap dros ei wlad, ond na chafodd le mewn gêm brawf tan ei drydedd daith gyda'r Llewod yn 2005?

10. Beth oedd enw'r chwaraewr o Thames, Seland Newydd, a sgoriodd dros Gymru yn erbyn Seland Newydd yng Nghwpan y Byd 2003?

11. Yn erbyn pa wlad y sgoriodd y bachwr Keith Wood bedwar cais yn Lansdowne Road yn 1999?

    a) Yr Unol Daleithiau

    b) Fiji

    c) Romania

12. Pa glwb Gwyddelig a roddodd ei enw ar fath arbennig o gic?

13. Pa dîm o ogledd-ddwyrain Cymru sy'n chwarae ar Gaeau Ffordd Bryn Estyn?

    a) Yr Wyddgrug

    b) Wrecsam

    c) Bae Colwyn

14. Pa dîm o Ffrainc sy'n chwarae yn y Stade Pierre-Antoine?

15. Pa chwaraewr ail reng oedd capten Cymru pan chwaraeon nhw Dde Affrica am y tro cyntaf ers 24 mlynedd yng Nghaerdydd yn 1994?

    a) Gareth Llewellyn

    b) Phil Davies

    c) Paul Arnold

16. Ar ôl i Jonathan Davies fynd i Rygbi'r Gynghrair yn 1988, pwy gymerodd crys y maswr ar gyfer y gêm gynta yn erbyn yr Alban ym mhencampwriaeth y Pum Gwlad yn 1989?

17. Beth oedd enw'r athro chwaraeon yn Ysgol y Gwendraeth, a oedd yn chwaraewr rhyngwladol yn ogystal â dysgu chwaraewyr fel Barry John, D. Ken Jones a Gareth Davies yn ystod ei gyfnod fel athro?

    a) Bob Williams

    b) Ray Williams

    c) Brian Williams

18. Pa gyn-asgellwr dros Abertawe a Chymru oedd yn arfer cyflwyno'r rhaglen *Sgorio* ar S4C?

19. Beth yw enw canol Scott Gibbs?

    a) Ian

    b) Alan

    c) Scott

20. Hunangofiant pwy oedd *Dai For England*?

Atebion Cwis 12

1. 10
2. Philippe Sella
3. Caerfaddon
4. Gareth Edwards
5. Simon Easterby
6. Yves Bressy
7. Michael Lynagh
8. Ravenhill, Belffast
9. Will Greenwood
10. Sonny Parker
11. Yr Unol Daleithiau
12. Garryowen
13. Wrecsam
14. Castres Olympique
15. Gareth Llewellyn
16. Bleddyn Bowen
17. Ray Williams
18. Arthur Emyr
19. Scott (Ian Scott Gibbs yw ei enw llawn)
20. David Duckham

Cwis 13

1. Pwy sgoriodd unig gais Cymru yn y prawf cyntaf yn erbyn Awstralia ym mis Mehefin 2012?

2. Pwy yw Llywydd Undeb Rygbi Cymru ers 2007?

3. Ym mha flwyddyn yr enillodd Ffrainc am y tro cyntaf yng Nghaerdydd?

   a) 1928

   b) 1936

   c) 1958

4. Ieuan Evans, Nathan Thomas a pha flaenasgellwr arall oedd y tri Chymro yn nhîm Caerfaddon pan enillon nhw Gwpan Heineken yn 1998?

5. I ba glwb Eidalaidd y chwaraeodd John Kirwan, Michael Lynagh a Gary Whetton?

   a) Milan

   b) Treviso

   c) Calvisano

6. I ba dîm yn Lloegr y buodd mewnwr Cymru, Robert Jones, yn chwarae ar un adeg?

   a) Bedford

   b) Harlequins

   c) Bryste

7. Pwy fuodd yn bartner i Geoff Wheel yn ail reng Cymru ar saith achlysur ar hugain?

8. Pwy oedd y Cymro cyntaf i ddyfarnu gêm rygbi yn Wembley yn 1992?

   a) Derek Bevan

   b) Clive Norling

   c) Gareth Simmonds

9. Yn y gêm rhwng yr Alban a Chymru ym Mhencampwriaeth y Pum Gwlad 1999, roedd pedwar chwaraewr o Seland Newydd ar y cae: Shane Howarth a'r brodyr Martin a John Leslie oedd tri ohonyn nhw. Ond pwy oedd y pedwerydd?

   a) Brett Sinkinson

   b) Sean Lineen

   c) Glenn Metcalfe

10. Llysenw pa fachwr o Dde Affrica yn y 1990au oedd 'Bullet'?

11. Beth yw taldra Derwyn Jones?

   a) 6 troedfedd 9 modfedd

   b) 6 troedfedd 10 modfedd

   c) 6 troedfedd 11 modfedd

12. Pwy ddywedodd hyn: 'You've got to get your first tackle in early, even if it's late'?

   a) Scott Gibbs

   b) J. P. R. Williams

   c) Ray Gravell

13. Â pha glwb yr ymunodd Shane Williams ar ôl ymddeol o chwarae gyda'r Gweilch a Chymru?

   a) Mitsubishi Dynaboars

   b) Montferrand

   c) Sale Sharks

14. Pa gyn-faswr dros Lanelli oedd y naw canfed chwaraewr i ennill cap dros Gymru, ac sy'n Gyfarwyddwr Rygbi Prifysgol Fetropolitan Leeds ers 2004?

15. Pa chwaraewr dros Loegr sydd â brawd o'r enw Erik, sydd wedi ennill capiau dros Norwy?

16. Beth oedd enw mewnwr Ffrainc a sgoriodd unig gais Ffrainc yn rownd derfynol Cwpan y Byd 1987?

17. Pa dîm o'r Rhondda sy'n chwarae ar Barc Gelligaled?

    a) Treherbert

    b) Ystrad

    c) Tonypandy

18. Pa dîm Eidalaidd y bu Rowland Phillips yn ei hyfforddi rhwng 2010 a 2012?

19. Pa chwaraewr ail reng i Gymru a Llanelli fuodd yn lwcus iawn i beidio cael ei hel o'r cae ar ôl taro Neil Francis, chwaraewr ail reng Iwerddon, o flaen y dyfarnwr Fred Howard yn 1992?

20. Ym mha wlad y ganwyd y maswr Ronan O' Gara?

Atebion Cwis 13

1. Alex Cuthbert
2. Dennis Gethin
3. 1958
4. Richard Webster
5. Treviso
6. Bryste
7. Allan Martin
8. Gareth Simmonds (Lloegr v Canada)
9. Glenn Metcalfe
10. James Dalton
11. 6 troedfedd 10 modfedd
12. Ray Gravell
13. Mitsubishi Dynaboars
14. Colin Stephens
15. Marcus Lund
16. Pierre Berbizier
17. Ystrad
18. Aironi
19. Tony Copsey
20. Yr Unol Daleithiau

Cwis 14

1. Yn ôl y sôn, pa fradwr, a grogwyd yn 1946, chwaraeodd yn y canol dros Brifysgol Rhydychen a Chastell-nedd, ac a gafodd dreial dros Iwerddon?

2. Pa gyn-lywydd Undeb Rygbi Cymru oedd un o'r tri pherson allan o 83 a oroesodd y ddamwain awyren yn Llandŵ ar ôl dychwelyd o weld Cymru'n ennill y Goron Driphlyg yn Iwerddon yn 1950?

   a) Handel Rogers

   b) Graham Tregidon

   c) Hermas Evans

3. Pa gefnwr sgoriodd dri chais i Ffrainc yn erbyn Cymru yn 1999, er mai colli bu hanes Ffrainc?

4. Pa chwaraewr o Gymru sy'n dal y record Gymreig am yr yrfa ryngwladol hiraf?

5. Pa asgellwr o Awstralia sgoriodd gais 54 eiliad yn unig ar ôl dechrau'r gêm yn erbyn Cymru yn Brisbane yn 1996?

   a) Joe Roff

   b) David Campese

   c) Ben Tune

6. Beth oedd enw'r clo o Sais a chwaraeodd dros Abertawe, Angoulême yn Ffrainc, a Lloegr?

7. Beth oedd enw'r cefnwr yr arferai pobl ddefnyddio'i enw pan oedden nhw'n bwriadu mynd allan i yfed drwy'r dydd?

8. Pa ganolwr i Gymru, a enillodd ei gap cyntaf yn 2009, gafodd ei eni yn Solihull yn Lloegr?

9. Pa ddau frawd chwaraeodd gyda'i gilydd dros Gymru am y tro cyntaf yn erbyn Iwerddon yn 2003?

10. Pa chwaraewr sydd wedi sgorio 277 o bwyntiau yng Nghwpan y Byd, y nifer fwyaf o bwyntiau yn y bencampwriaeth, o'i dechrau yn 1987 hyd at 2011?

a) Andrew Mehrtens

b) Gavin Hastings

c) Jonny Wilkinson

11. Beth oedd enw'r prop o Seland Newydd a sgoriodd gais yn erbyn Cymru yn 1972, ond ar ôl digwyddiad yng Ngwesty'r Angel yn syth wedi'r gêm, a gafodd ei hel adre?

a) Keith Murdoch

b) Jeff Matheson

c) Richard Guy

12. Â pha chwaraewr rhyngwladol o Gymru y cysylltwch chi enw'r fferm Cilrhue?

a) Kevin Phillips

b) Brian Williams

c) John Davies

13. Pa gyn-chwaraewr dros yr Alban ymunodd â thîm pêl-droed Americanaidd y Scottish Claymores yn 1996 fel ciciwr, ond na chafodd gyfnod llwyddiannus yno?

14. Pa filiwnydd a chyn-chwaraewr rygbi rhyngwladol a gaiff ei adnabod fel 'The Bean Baron'?

15. Ar raglen *Jonathan* a Shane Williams yn westai, pan ofynnodd Sarra Elgan iddo pa actor yr hoffai iddo'i bortreadu mewn ffilm o'i fywyd, beth oedd ei ateb?

a) Tom Cruise

b) Matthew Broderick

c) Danny De Vito

16. Gan gynnwys Cwpan y Byd 2011, sawl gwaith mae Lloegr wedi cyrraedd y rowndiau cyn-derfynol ers 1987?

17. Pa ffermwr o Albanwr ddywedodd mai'r unig beth mae'n ei ddifaru am ei fferm ar y Borders yw: 'Os dwi'n sefyll ar fryn dwi'n gallu gweld Lloegr'?

18. Beth yw teitl y ffilm ddoniol gafodd ei rhyddhau yn 1991 am gêm rhwng Cymru a Seland Newydd yn cael ei hailchwarae wedi i lumanwr y gêm wreiddiol, ar ei wely angau, gyfaddef ei fod wedi gwneud camgymeriad?

19. Beth yw enw'r asgellwr gyda Samoa chwaraeodd iddyn nhw mewn pum pencampwriaeth Cwpan y Byd rhwng 1991 a 2007?

20. Ym mha wlad y ganwyd cyn-ganolwr y Gwyddelod, Brendan Mullin?

    a) Israel

    b) Yr Unol Daleithiau

    c) Rwsia

Atebion Cwis 14

1. William Joyce neu Lord Haw Haw
2. Handel Rogers
3. Émile Ntamack
4. Martyn Williams (15 mlynedd, 283 o ddiwrnodau rhwng 1996 a 2012)
5. Joe Roff
6. Maurice Colclough
7. Mike Rayer (yn odli ag 'all-dayer')
8. Jonathan Davies
9. Nicky a Jamie Robinson
10. Jonny Wilkinson
11. Keith Murdoch
12. John Davies
13. Gavin Hastings
14. Tony O'Reilly
15. Danny De Vito
16. Pedair gwaith, sef 1991, 1995, 2003 a 2007
17. John Jeffrey
18. *Old Scores*
19. Brian Lima
20. Israel

Cwis 15

1. Pa chwaraewr ail reng o Sais oedd yn cael ei adnabod fel Tŵr Blackpool?

2. Ar y daith i Awstralia yn 2012, pa chwaraewr ddaeth i'r cae yn lle Toby Faletau pan gafodd ei anafu yn y prawf cyntaf?

3. Beth oedd mor arbennig am gefnwyr tîm Iwerddon wynebodd Cymru yn 1991?

   a) roedd pob un yn gapiau newydd

   b) dim un wedi ei eni yn Iwerddon

   c) pob un wedi sgorio dros bum cais i Iwerddon

4. Yn ystod tymor 1949-50, sef y tymor pan fuon nhw'n ddiguro, chwaraeodd Maesteg 43 gêm, ennill 37 a chael chwe gêm gyfartal. Canolwr Maesteg y tymor hwnnw oedd Trevor Watkins. Ond tad-cu pa chwaraewr rhyngwladol dadleuol oedd e?

5. Pa gyn-flaenasgellwr dros Bontypridd, Llanelli a Chymru ddywedodd ar ôl iddo ymuno â thîm Rygbi'r Gynghrair Cardiff City Blue Dragons: 'The main difference between playing League and Union is that now I get my hangovers on Monday instead of Sunday'?

   a) Gary Jones

   b) Tommy David

   c) Denzil Earland

6. Gan gynnwys Cwpan y Byd 2011, sawl gwaith mae Seland Newydd wedi cyrraedd y rowndiau cyn-derfynol ers 1987?

7. I ba gyflwynydd radio a theledu enwog mae'r chwaraewyr Albanaidd Thom a Max Evans yn gefndryd?

8. Yn ystod Cwpan y Byd 2003, pa flaenwr sgoriodd gais a chicio gôl adlam yn erbyn Tonga?

9. Pa chwaraewr sydd wedi sgorio 15 cais, y nifer fwyaf o geisiau ym mhencampwriaeth Cwpan y Byd o'r dechrau yn 1987 hyd at 2011?

   a) Vincent Clerc

   b) Jonah Lomu

   c) Doug Howlett

10. Pa glwb rygbi sy'n chwarae ar Gae Vicarage Road yn Watford, yr un cae â thîm pêl-droed Watford?

11. Ar ôl ennill naw cap dros Gymru, am faint o gemau gafodd Shane Williams ei ollwng o'r tîm o dan deyrnasiad Graham Henry a Steve Hansen?

    a) 10

    b) 17

    c) 23

12. Beth oedd enw'r prop o Limerick oedd yn rhan o dîm Iwerddon a enillodd y Goron Driphlyg a'r Bencampwriaeth yn 1982, a mynd ymlaen i fod yn stiward yng Nghlwb Rygbi Gilfach Goch?

    a) Phil Orr

    b) Mick Fitzpatrick

    c) Ginger McCloughlin

13. Mewn gêm rhwng Lloegr a Chymru yn Twickenham yn 1974, gwnaeth Michael O'Brien rywbeth am y tro cyntaf erioed o flaen tyrfa o filoedd. Beth wnaeth e?

14. Beth oedd enw'r blaenasgellwr dros Seland Newydd na chollodd fyth mewn crys du, a'i lysenw oedd 'The Black Panther'?

    a) Michael Jones

    b) Jock Hobbs

    c) Waka Nathan

15. Beth oedd enw'r eilydd ddaeth ymlaen yn lle Berrick Barnes a chicio'r gic gosb yn eiliadau olaf yr ail gêm yn y gyfres Cymru v Awstralia ym mis Mehefin 2012?

16. I ba gantores Gymreig mae George North yn perthyn?

    a) Katherine Jenkins

    b) Elin Fflur

    c) Meinir Gwilym

17. Pwy sgoriodd y cais diwethaf i Gymru yn erbyn Iwerddon yn Stadiwm y Mileniwm yn 2005 yn ei hymgyrch i ennill ei Champ Lawn gynta ers 1978?

18. Pa chwaraewr sydd wedi sgorio 551 o bwyntiau, y nifer fwyaf o bwyntiau ers i Bencampwriaeth y Pum Gwlad a'r Chwe Gwlad ddechrau?

    a) Ronan O'Gara

    b) Jonny Wilkinson

    c) Stephen Jones

19. Pa chwaraewr o Gastell-nedd gafodd ei wahardd o'r gêm am ddwy flynedd ar ôl methu prawf gwaed am steroid anabolic?

20. Cofiant i bwy yw *Un o Fois y Pentre*, wedi ei olygu gan John Jenkins?

Atebion Cwis 15

1. Wade Dooley
2. Gareth Delve
3. Dim un wedi ei eni yn Iwerddon
4. Gavin Henson
5. Tommy David
6. Tair gwaith, yn 1987, 1995 a 2011
7. Chris Evans
8. Martyn Williams
9. Jonah Lomu
10. Saracens
11. 23
12. Ginger McCloughlin
13. Rhedeg ar draws y cae yn borcyn / noethlymun
14. Waka Nathan
15. Mike Harris
16. Elin Fflur
17. Kevin Morgan
18. Ronan O'Gara
19. Richie Griffiths
20. Carwyn James

Cwis 16

1. Ym mha dref y ganwyd y sylwebydd rygbi Bill McLaren?

   a) Dumfries

   b) Hawick

   c) Alloa

2. Pa chwaraewr ail reng oedd y Cymro cyntaf i gael ei anfon o'r cae ar ôl ymladd gyda Willie Duggan yn y gêm rhwng Cymru ac Iwerddon yn 1977?

   a) Geoff Wheel

   b) Allan Martin

   c) Clive Davis

3. Roedd y blaenasgellwr Peter Jones o Aberafan, a fu farw'n ddyn ifanc, yn dad i ba flaenasgellwr rhyngwladol?

   a) Dafydd Jones

   b) Lyn Jones

   c) Gwyn Jones

4. Am sawl blwyddyn ar ôl 1970 na chwaraeodd Cymru a De Affrica unrhyw gemau rhyngwladol?

5. I ba dîm aeth Nigel Davies yn hyfforddwr o Sgarlets Llanelli yn 2012?

6. Pwy oedd Ysgrifennydd Undeb Rygbi Cymru rhwng 1956 a 1981?

   a) Cliff Jones

   b) Haydn Tanner

   c) Bill Clement

7. Pa glo o Drecelyn enillodd ei unig gap yn erbyn Romania yn 1984?

   a) Terry Shaw

   b) Clive Davis

   c) Hemi Taylor

8. Pwy sgoriodd yr unig gais dros Loegr yn y prawf cyntaf yn erbyn De Affrica ym mis Mehefin 2012?
   a) Chris Ashton
   b) Manusamoa Tuilagi
   c) Ben Foden

9. Pa ystum yr arferai Gareth Thomas ei wneud ar ôl sgorio cais?
   a) rhwbio'i fola
   b) codi a gollwng ei ddwy law ar ei ben sawl tro
   c) siglo'i ben-ôl

10. I ba chwaraewr rygbi o Ffrainc mae'r pêl-droediwr rhyngwladol, William Gallas, yn gefnder?
    a) Émile Ntamack
    b) Mathieu Bastareaud
    c) Serge Betsen Tchoua

11. Enwau cynta pa gyn-asgellwr dros Gymru yn y 1990au oedd Haldane Naude?

12. Ym mha ddinas y ganwyd Jamie Roberts a Ryan Jones?

13. Pwy oedd maswr Cymru, a arferai chwarae dros Gaerdydd a Threorci, yn ystod Pencampwriaeth y Pum Gwlad 1990?

14. Beth oedd enw'r asgellwr a daclodd Leigh Halfpenny yn anghyfreithlon yn ystod yr ail gêm yn y gyfres Cymru v Awstralia a chael ei hel i'r gell gosb?
    a) Digby Ioane
    b) Cooper Vuna
    c) Rod Davies

15. Beth yw enw'r cyn-flaenasgellwr dros Gymru, â'r enw canol Takatou, sydd erbyn hyn yn ffermio yng Ngheredigion?

16. Fe gafodd Windsor Davies, seren y ffilmiau *Grand Slam* ac *Old Scores*, lwyddiant yn y siartiau pop Prydeinig yn 1975 gyda Don Estelle, ei gyd-actor yn y gyfres *It Ain't Half Hot, Mum*. Fe gyrhaeddodd y gân rhif un yn y siartiau ond beth oedd ei theitl?

17. Pa chwaraewr gafodd ei enwi'n Chwaraewr Gorau Pencampwriaeth y Chwe Gwlad 2012?

    a) Dan Lydiate

    b) George North

    c) Alun Wyn Jones

18. Yng Nghwpan y Byd 2003, fe gurodd Awstralia dîm Namibia o 142 pwynt i ddim, ond faint o geisiau sgoriodd Awstralia?

    a) 19

    b) 21

    c) 22

19. Pa sylwebydd rygbi fuodd hefyd yn olygydd ar gylchgrawn *Rugby World*, chwarae i Glwb Harlequins ac ennill saith cap dros Loegr rhwng 1969 a 1971?

20. Â pha dîm Rygbi'r Gynghrair yr ymunodd y mewnwr David Bishop o Bont-y-pŵl yn 1988?

Atebion Cwis 16

1. Hawick
2. Geoff Wheel
3. Lyn Jones
4. 24 mlynedd
5. Caerloyw
6. Bill Clement
7. Terry Shaw
8. Ben Foden
9. codi a gollwng ei ddwy law ar ei ben sawl tro
10. Mathieu Bastareaud
11. Hal Luscombe
12. Casnewydd
13. David Evans
14. Cooper Vuna
15. Hemi Taylor
16. 'Whispering Grass'
17. Dan Lydiate
18. 22
19. Nigel Starmer Smith
20. Hull Kingston Rovers

Cwis 17

1. Pa gyn-glo i Gymru a'r Llewod ddywedodd: 'Don't ask me about emotions in the Welsh dressing-room. I'm someone who cries when he watches *Little House on the Prairie*'?

   a) Bob Norster

   b) Allan Martin

   c) Geoff Wheel

2. Beth yw enw'r maswr Albanaidd, a'r enw canol Minto, orffennodd ei yrfa fel chwaraewr/hyfforddwr tîm Melrose yn 2005?

3. Sawl cais sgoriodd Willie John McBride dros Iwerddon ar ôl ennill 63 chap rhwng 1962 a 1975?

4. Beth yw enw'r blaenwr enillodd 78 cap i Ffrainc rhwng 1990 a 2001, ond cyn hynny oedd wedi chwarae rygbi dros wlad Morocco?

5. Yn y gêm rhwng Lloegr a Chymru yn Twickenham yn 1988, roedd pedwar maswr yn chwarae yn y cefn, sef Jonathan Davies, Bleddyn Bowen, Mark Ring a phwy arall?

6. Pa wythwr a phrop dros Ffrainc yn ystod y 1950au a'r 1960au oedd â'r llysenw 'Le Duc'?

   a) Hervé Larrue

   b) Amédée Domenech

   c) Jean Barthe

7. Yn ystod y 1990au, roedd Roddy Boobyer yn chwarae dros Abertawe a'i efaill Neil yn chwarae i glwb Llanelli. Ond beth oedd enw eu brawd hŷn oedd yn chwarae i Gastell-nedd?

8. Enillodd Ieuan Evans ei hanner cant a chweched cap yn y gêm yn erbyn Fiji yn 1995, a oedd ar y pryd yn golygu mai fe oedd â'r nifer fwyaf o gapiau dros Gymru. Ond record pwy wnaeth e 'i guro?

9. I ba dîm bu Warren Gatland yn chwarae rhwng 1986 a 1994?

10. Beth sydd gan y tri chwaraewr yma'n gyffredin: Delme Thomas, Derek Quinnell a Brynmor Williams?

11. Enillodd y blaenasgellwr Julian Gardner bedwar cap dros Awstralia ac 20 cap dros ba wlad arall?

12. Beth oedd enw'r athletwr gafodd ei bortreadu gan Ian Charleson yn y ffilm *Chariots of Fire* oedd hefyd yn chwaraewr rygbi rhyngwladol dros yr Alban?

13. Â pha dîm yr ymunodd y prop Eifion Lewis Roberts yn 2011?

14. Beth oedd enw'r chwaraewr enillodd 62 gap dros Ganada ac a fu'n chwarae i Gasnewydd ac yna Dreigiau Gwent rhwng 1995 a 2005?

15. Beth yw enw canol Jeremy Guscott?

    a) Colin

    b) Clayton

    c) Craig

16. Mae Brian O'Driscoll yn gefnder cyntaf i ba flaenasgellwr a enillodd 26 chap i Iwerddon a chwe chap i'r Llewod?

17. Beth yw enw'r prop o Nigeria enillodd ei gap cyntaf dros Loegr yn Wembley yn 1992?

18. Enw hunangofiant pa gefnwr a enillodd 61 cap oedd *High Balls and Happy Hours*?

19. Â pha dîm Rygbi'r Gynghrair yr ymunodd Allan Bateman ar ôl gadael Castell-nedd yn 1990?

    a) Warrington

    b) Widnes

    c) Wigan

20. Roedd y clo George Wilson Weir yn fwy cyfarwydd i ni fel pwy?

Atebion Cwis 17

1. Bob Norster
2. Craig Chalmers
3. Un, yn y gêm rhwng Iwerddon a Ffrainc yn 1975
4. Abdelatif Benazzi
5. Tony Clement
6. Amédée Domenech
7. Ian
8. J. P. R. Williams
9. Waikato
10. Chwaraeodd y tri dros y Llewod cyn cael cap i Gymru
11. Yr Eidal
12. Eric Liddell
13. Toulon
14. Rod Snow
15. Clayton
16. John O'Driscoll
17. Victor Ubogu
18. Gavin Hastings
19. Warrington
20. Doddie Weir

Cwis 18

1. I ba wlad y chwaraeodd yr asgellwr Iwan Tukalo?

2. Pwy oedd y chwaraewr cyntaf o dîm Aberafan i fod yn gapten ar dîm Cymru yn 1987?

   a) Tim Fauvel

   b) Ray Giles

   c) Billy James

3. Yn ôl Jason Leonard, pa Ffrancwr oedd y prop caletaf a gorau iddo chwarae yn ei erbyn, sydd erbyn hyn yn berchen tŷ bwyta yn Biarritz, ac yn ganwr gwerin eithaf enwog hefyd?

   a) Jean Pierre Garuet

   b) Louis Armary

   c) Pascal Ondarts

4. Pa gyn-lywydd Undeb Rygbi Cymru ddywedodd yn 1979: 'In 1823, William Webb Ellis first picked up the ball in his arms and ran with it. And for the next 156 years, forwards have been trying to work out why'?

5. Llysenw ar ba dîm rhyngwladol yw 'Y Blodau Ceirios'?

6. Enillodd Jonathan Davies, Phil Davies a pha ganolwr o Ystradgynlais eu capiau cyntaf yn erbyn Lloegr yn 1985?

7. Am ba safle mae Myrddin ap Dafydd yn sôn fan hyn:

   Ers oes pys, mae'n aros pêl
   a'i garnau am y gornel?

8. Yn 1985, pa fewnwr o Gymru aeth i chwarae i glwb Rygbi'r Gynghrair Bradford Northern?

9. Sawl gwaith enillodd Ffrainc y Gamp Lawn yn y 1970au?

10. Sawl gwaith wnaeth Roy Laidlaw a John Rutherford o'r Alban bartneru ei gilydd mewn gemau rhyngwladol?

a) 28 gwaith

b) 32 gwaith

c) 35 gwaith

11. Ar ôl Willie John McBride, pa fewnwr sydd wedi derbyn y nifer fwyaf o gapiau gyda'r Llewod?

a) Dickie Jeeps

b) Gareth Edwards

c) Matt Dawson

12. Roedd Len Davies, sef y 600fed chwaraewr i chwarae fel blaenasgellwr dros Gymru, ac a fu farw'n ddyn ifanc, yn frawd i ba chwaraewr a fu'n gefnwr i Gymru a'r Llewod?

13. Pa gyn-brop o Loegr a Chaerloyw oedd y Sais cyntaf i gael ei anfon oddi ar y cae, a hynny yn erbyn Awstralia yn 1975, ac sydd erbyn hyn yn rhedeg cwmni sy'n trefnu teithiau chwaraeon?

a) Mike Cheeseman

b) Mike Burton

c) Mike Grant

14. Pa chwaraewr ail reng dros Loegr darodd Phil Davies i'r llawr yn y gêm rhwng Cymru a Lloegr yn 1987, ond na chafodd ei hel o'r cae?

15. Yn erbyn pa wlad ymddangosodd Gareth Edwards a Barry John fel partneriaeth ar y llwyfan rhyngwladol am y tro cyntaf?

a) Awstralia 1966

b) Seland Newydd 1967

c) Seland Newydd 1969

16. Ar ôl i'r blaenasgellwr Gwyn Jones ymddeol, pa chwaraewr o Saskatchewan, Canada, ymunodd â chlwb Caerdydd a threulio bron i ddeng mlynedd yno fel chwaraewr?

17. Beth yw enw canol Mark Ring?

    a) Giles

    b) Gerald

    c) Gerarde

18. Pa swydd mae Onllwyn Brace, Gareth Davies, Arthur Emyr a Nigel Walker wedi ei dal ar ôl ymddeol o chwarae rygbi?

19. Pa dîm sy'n chwarae yn Waterton Cross?

20. Pwy oedd hyfforddwr Cymru ar ôl cyfnod Tony Gray?

Atebion Cwis 18

1. Yr Alban
2. Billy James
3. Pascal Ondarts
4. Syr Tasker Watkins
5. Japan
6. Kevin Hopkins
7. Asgellwr
8. Terry Holmes
9. Unwaith, yn 1977
10. 35 gwaith
11. Dickie Jeeps (13 o gapiau)
12. Terry Davies
13. Mike Burton
14. Wade Dooley
15. Seland Newydd 1967
16. Dan Baugh
17. Gerarde
18. Pennaeth Chwaraeon BBC Cymru
19. Heddlu De Cymru
20. John Ryan

Cwis 19

1. Sawl cais sgoriodd Seland Newydd yn erbyn Iwerddon yn nhrydedd gêm y gyfres ym mis Mehefin 2012?

   a) 9

   b) 10

   c) 11

2. Pwy oedd y chwaraewr cyntaf o Gymru i gyrraedd hanner cant o gapiau dros ei wlad yn 1978?

3. Gyda pha glwb yr enillodd Gareth Thomas Fedal Enillwyr Cwpan Heineken yn 2005?

4. Yn 2012 fe gafodd y ddau frawd Ian a Donald Campbell eu cyflwyno i Oriel Anfarwolion y Bwrdd Rygbi Rhyngwladol. Ond i ba dîm cenedlaethol y buon nhw'n chwarae?

   a) Yr Alban

   b) Brazil

   c) Chile

5. Pwy yw unig gapten Prydeinig y Llewod sydd wedi arwain y tîm i fuddugoliaeth cyfres yn Seland Newydd?

   a) John Dawes

   b) Terry Davies

   c) Will Carling

6. Pa flaenasgellwr dros y Dreigiau, y Sgarlets a Chymru wnaeth ymddeol ym mis Mehefin 2012?

7. Pa fachwr enwog i Seland Newydd enillodd ei gap olaf fel eilydd yn erbyn Cymru yn 1997?

8. Pa fath o ffatri y canodd Max Boyce amdani?

9. Pwy oedd capten Cymru pan enillon nhw'r Gamp Lawn yn 1950?
   a) Bleddyn Williams
   b) John Gwilliam
   c) Ken Jones
10. Beth oedd enw'r ffilm am Rygbi'r Gynghrair o'r 1960au gyda'r Gwyddel Richard Harris a'r Gymraes Rachel Roberts yn serennu?
11. Beth oedd enw'r clwb rygbi yn Nulyn y chwaraeodd Cliff Morgan rygbi iddo yn ystod tymor 1955-56?
12. Beth yw enw mab Dai Young, sy'n chwarae fel blaenasgellwr agored i'r Gleision?
13. Enw hunangofiant pa chwaraewr o'r rheng ôl yw *Mad Dog: An Englishman*?
14. Ym mha ddinas mae stadiwm Murrayfield?
15. Pa fewnwr o Seland Newydd, sydd ag 81 o gapiau dros ei wlad, fuodd yn chwarae dros y Gweilch rhwng 2006 a 2008?
16. Pwy oedd y prif sgoriwr pwyntiau yng Nghwpan y Byd Prydain 1991?
   a) Michael Lynagh
   b) Gavin Hastings
   c) Ralph Keyes
17. Beth yw enw'r blaenasgellwr o Flaendulais a chwaraeodd ei rygbi i dîm Castell-nedd ac ennill ei unig gap yn erbyn Seland Newydd yn 1989?
18. Beth oedd enw hyfforddwr Seland Newydd rhwng 1988 a 1991, a aeth ymlaen i fod yn hyfforddwr yr Ariannin rhwng 1995 a 1999, ac a gafodd 11 cap ei hun fel blaenasgellwr dros y Crysau Duon rhwng 1970 a 1973?

19. Ar ôl i Mike Ruddock ymddiswyddo yn 2006, pwy ofalodd am dîm Cymru am weddill Pencampwriaeth y Chwe Gwlad?

    a) Nigel Davies

    b) Gareth Jenkins

    c) Scott Johnson

20. Am faint o arian ymunodd Jonathan Davies â thîm Rygbi'r Gynghrair Widnes yn 1989?

    a) £200,000

    b) £300,000

    c) £500,000

Atebion Cwis 19

1. 9
2. Gareth Edwards
3. Stade Toulousain
4. Chile
5. John Dawes (yn 1971)
6. Gavin Thomas
7. Sean Fitzpatrick
8. Ffatri Maswyr ('Outside-half Factory')
9. John Gwilliam
10. *This Sporting Life*
11. Bective Rangers
12. Thomas neu Tom
13. Lewis Moody
14. Caeredin
15. Justin Marshall
16. Ralph Keyes (o Iwerddon gyda 68 o bwyntiau)
17. Phil Pugh
18. Alex Wyllie
19. Scott Johnson
20. £200,000

Cwis 20

1. Pa chwaraewr sy wedi sgorio'r nifer fwyaf o geisiau dros yr Ariannin?

   a) Lisandro Arbizu

   b) José Núñez Piossek

   c) Diego Cuesta Silva

2. Beth oedd enw'r chwaraewr a giciodd y gôl adlam i guro'r Crysau Duon pan wynebodd tîm Casnewydd tîm Seland Newydd yn Hydref 1963?

   a) Dick Uzzell

   b) Dai Watkins

   c) Ray Cheney

3. Beth yw enw'r blaenasgellwr â'r enw canol Angelo a anwyd yn Winchester, ond a chwaraeodd dros Heddlu De Cymru a Llanelli, ac ennill naw cap dros Gymru rhwng 1990 a 1994?

4. Pa ysgol sy'n cysylltu'r cyn-chwaraewyr: Luc Evans, Kevin Morgan, Mark Titley, Ceri Jonathan a Mark Spiller?

5. Beth yw enw'r canolwr a enillodd ei gap cyntaf i Seland Newydd yn erbyn Cymru yn 1989, a sgorio dau gais ac ennill 17 cap cyn symud i Glwb Rygbi'r Gynghrair Leeds yn 1992?

   a) Walter Little

   b) Craig Innes

   c) John Schuster

6. Pan gurodd Llanelli Abertawe yn rownd derfynol Cwpan Schweppes 1992, pa ganolwr oedd capten Abertawe?

7. Ym mha gamp arall y bu cyn-flaenasgellwr Cymru Richie Collins yn cynrychioli Cymru?

8. I fyny at fis Gorffennaf 2012, pwy yw'r mewnwr sydd wedi sgorio'r nifer fwyaf o geisiau yn rygbi'r byd?

9. Sawl cap llawn enillodd Warren Gatland dros Seland Newydd?

   a) 0

   b) 1

   c) 2

10. Ym mha ffilm y gwnaeth cyn-brop Cross Keys a Chymru, Rex Richards, ymddangos?

    a) *The Pirates of Blood River*

    b) *The Wild Women of Wongo*

    c) *Tarzan and the Trappers*

11. Pa wythwr symudodd o'r Sgarlets i Gaerloyw ar ddiwedd tymor 2011-12?

12. O ba dîm yr ymunodd Tom Shanklin â Gleision Caerdydd yn 2003?

13. Pa dîm o Sir Gaerfyrddin sy'n chwarae ar Gae Gelli?

    a) Trimsaran

    b) Tycroes

    c) Brynaman

14. Ymhle mae'r 'House of Pain'?

15. I ba aelod o dîm pêl-droed Lloegr a enillodd Gwpan y Byd 1966 mae'r chwaraewr rygbi Ben Cohen yn perthyn?

16. O'r deg gêm a chwaraewyd o dan Ron Waldron fel hyfforddwr rhwng 1990 a 1991, roedd saith neu wyth o chwaraewyr ym mhob gêm yn dod o ba glwb?

17. O ba wlad y daw tad-cu'r blaenasgellwr Justin Tipuric?
    a) Wcráin
    b) Gwlad Pwyl
    c) Croatia

18. Sawl cap enillodd y mewnwr David Bishop o Bont-y-pŵl dros Gymru?
    a) 1
    b) 2
    c) 5

19. Pa gyn-glo dros Gymru oedd capten Aberafan rhwng 1969 a 1971?
    a) Billy Mainwaring
    b) Allan Martin
    c) Adrian Owen

20. Pa flodyn sydd ar grys rygbi Lloegr?

Atebion Cwis 20

1. José Núñez Piossek (gyda 29 cais)
2. Dick Uzzell
3. Mark Perego
4. Ysgol Gyfun Rhydfelen
5. Craig Innes
6. Kevin Hopkins
7. Pêl fasged
8. Joost Van Der Westhuizen
9. 0
10. *The Wild Women of Wongo*
11. Ben Morgan
12. Saracens
13. Tycroes
14. Heol Sardis, Pontypridd
15. George Cohen
16. Castell-nedd
17. Croatia
18. 1
19. Billy Mainwaring
20. Rhosyn coch

Cwis 21

1. Ar ôl i Barry John gael anaf yn y gêm rhwng yr Alban a Chymru yn 1971, pwy giciodd y trosiad a enillodd y gêm?
2. Ar ôl anaf i Ray Gravell, pwy oedd partner Steve Fenwick yng nghanol y cae yn ystod Pencampwriaeth y Pum Gwlad yn 1977, pan enillodd Cymru'r Goron Driphlyg am y pedwerydd tro ar ddeg?
3. Pa gyn-flaenasgellwr oedd yn athro yn Ysgol Oundle yn Swydd Northampton?
   a) Alun Pask
   b) Terry Cobner
   c) Rhys Gabe
4. Mab i ba asgellwr o Gymru fu'n cystadlu yn y ras 400 metr dros y clwydi yn ystod Gemau Olympaidd Llundain yn 2012?
5. Pa gyn-wythwr dros Seland Newydd sydd bellach yn rhedeg busnes gwely a brecwast yn Windsor, Lloegr?
6. Yn ystod blwyddyn Camp Lawn Cymru yn 1971, sawl chwaraewr o dîm Cymry Llundain fu'n chwarae yn ystod y Bencampwriaeth?
7. O ba glwb yr ymunodd y clo Archentaidd, Tomás Vallejos, â Sgarlets Llanelli yn 2012?
   a) Harlequins
   b) Newcastle Falcons
   c) Clermont Auvergne
8. Beth yw enw'r ysgol sy'n cysylltu'r chwaraewyr hyn: Gareth Edwards, Bleddyn Bowen, Arwel Thomas, Robert Jones, Aled Brew a James Griffiths?
   a) Millfield
   b) Ystalyfera
   c) Cwmtawe

9. Pwy oedd y maswr yn y gêm olaf i Gymru ym Mharc yr Arfau ym mis Mawrth 1997, a hynny yn erbyn Lloegr?

   a) Jonathan Davies

   b) Arwel Thomas

   c) Neil Jenkins

10. Pa ganolwr oedd capten Cymru yn ystod Cwpan y Byd 1995?

11. Ym mha wlad y ganwyd y prop Graham Price?

    a) Kenya

    b) Nigeria

    c) Yr Aifft

12. Pa dîm sy'n chwarae yn Edgeley Park, Stockport?

13. Pa fewnwr o Gymru â 54 o gapiau chwaraeodd dros dîm Caerdydd 25 o weithiau gan sgorio chwe chais yn ystod tymor 1998-99?

14. Pa flaenwr o Gymru sydd wedi sgorio'r nifer fwyaf o geisiau dros ei wlad?

    a) Martyn Williams

    b) Colin Charvis

    c) Scott Quinnell

15. Pam fod enw Errol Tobias a'r flwyddyn 1981 yn arwyddocaol wrth sôn am dîm rygbi De Affrica?

16. Yn erbyn pa dîm roedd Gleision Caerdydd wedi chwarae pan gafwyd digwyddiad mewn awyren ar y siwrnai adref a arweiniodd at ddiarddel Gavin Henson o'r clwb yn 2012?

17. Pa gyn-hyfforddwr i Gymru oedd yn nhîm Abertawe a gollodd 12–3 i Awstralia yn 1981?

18. Pwy oedd yn cael ei adnabod fel 'The Clamp'?

a) Rowland Phillips

b) Andrew Kembery

c) Allan Bateman

19. Pwy oedd capten yr Alban pan enillon nhw'r Gamp Lawn yn 1984?

a) Roy Laidlaw

b) Colin Deans

c) Jim Aitkin

20. Pa chwaraewr y disgrifiodd Bill McClaren ei ffordd o redeg fel hyn: 'like a mad trout up a burn'?

a) Shane Williams

b) Va'aiga Tuigamala

c) Simon Geoghegan

Atebion Cwis 21

1. John Taylor
2. David Burcher
3. Terry Cobner
4. J. J. Williams (tad i Rhys Williams, yr athletwr)
5. Zinzan Brooke
6. Chwech: J. P. R. Williams, Gerald Davies, John Dawes, Mervyn Davies, John Taylor a Mike Roberts
7. Harlequins
8. Cwmtawe
9. Jonathan Davies
10. Mike Hall
11. Yr Aifft
12. Sale Sharks
13. Robert Jones
14. Colin Charvis
15. Fe oedd y chwaraewr du cyntaf i chwarae dros Dde Affrica yn 1981, a hynny yn ystod cyfnod apartheid
16. Glasgow
17. Mike Ruddock
18. Allan Bateman
19. Jim Aitkin
20. Simon Geoghegan

Cwis 22

1. Pa faswr o Loegr ymddeolodd o rygbi rhyngwladol ar ôl taith Lloegr i Dde Affrica yn 2012?
2. Beth oedd enw'r canolwr o Seland Newydd a enillodd 21 o gapiau dros Ffrainc rhwng 2001 a 2004?
3. Pa glwb yr arferai'r clo Robert Sidoli chwarae iddo cyn ymuno â Phontypridd yn 1999?
4. Ym mha flwyddyn yr aeth y Llewod Prydeinig ar daith am y tro cynta?

   a) 1886

   b) 1888

   c) 1891
5. Symudodd Cymry Llundain i chwarae yn Stadiwm Kassam yn Rhydychen ym mis Medi 2012, ond ble roedden nhw'n chwarae cyn hynny?
6. Pa arwr o dîm Pont-y-pŵl yn ystod y 1950au oedd eu hyfforddwr rhwng 1970 a 1986?
7. I ba dîm yn Uwch Gynghrair Lloegr buodd François Pienaar yn chwarae rhwng 1997 a 2000 ac yna'n hyfforddwr arnynt rhwng 2000 a 2002?
8. Beth oedd enw'r clo i Seland Newydd rhwng 1957 a 1971 â'r llys-enw 'Pine-tree'?
9. Pa gyn-faswr i Gymru ddywedodd hyn yn 1989: 'We've lost seven of our last eight matches. Only team that we've beaten was Western Samoa. Good job we didn't play the whole of Samoa'?
10. Pwy ddywedodd wrth ei fewnwr: 'Twl di 'ddi i unrhyw le a dala i hi', pan gwrddon nhw i ymarfer am y tro cyntaf yn 1967?

11. Pa chwaraewr ail reng o Seland Newydd y tarodd Huw Richards, ac o'r herwydd cafodd ei anfon o'r cae yn ystod Cwpan y Byd 1987?

12. Pa brop a enillodd 24 cap rhwng 1966 a 1973 ddilynodd John Dawes fel hyfforddwr Cymru rhwng 1980 a 1982?

13. Pa chwaraewr o Seland Newydd sydd wedi bod yn gapten ar y Crysau Duon y nifer fwyaf o weithiau?

    a) Sean Fitzpatrick

    b) Wilson Whineray

    c) Richie McCaw

14. Pa record byd mae'r cyn brop Gheorghe Parcalabescu o Romania'n ei ddal?

    a) yr yrfa ryngwladol hiraf

    b) y prop trymaf i chwarae erioed

    c) y prop â'r nifer fwyaf o geisiau

15. Beth oedd enw bachwr a chapten Ffrainc yn rownd derfynol Cwpan y Byd 1987?

    a) Daniel Dubroca

    b) Phillipe Dintrans

    c) Jean-Michel Gonzalez

16. Yn 1950, pan gyflwynwyd y system rifau ar gefnau chwaraewyr, pa rif oedd y cefnwr?

17. Faint oedd oedran yr wythwr Sepe Tupuola o Samoa pan gafodd ei gap cyntaf yn erbyn Fiji yn 1982?

    a) 14 oed

    b) 15 oed

    c) 16 oed

18. Ar wahân i Seland Newydd, i ba dîm rhyngwladol arall y chwaraeodd y blaenasgellwr Jamie Joseph?

a) Japan

b) Tonga

c) Samoa

19. Chwaraeodd y mewnwr Clive Rowlands dros Bont-y-pŵl, Abertawe a pha dîm arall o'r safon uwch?

a) Glyn Ebwy

b) Llanelli

c) Castell-nedd

20. Pa chwaraewr giciodd y ddau drosiad a'r un gic gosb i Gymru yn eu buddugoliaeth yn erbyn Seland Newydd yn 1953?

a) Ken Jones

b) Cliff Morgan

c) Gwyn Rowlands

Atebion Cwis 22

1. Charlie Hodgson
2. Tony Marsh
3. Merthyr
4. 1888
5. Parc Old Deer yn Richmond
6. Ray Prosser
7. Saracens
8. Colin Meads
9. Gareth Davies
10. Barry John
11. Gary Whetton
12. John Lloyd
13. Richie McCaw (69 o weithiau i fyny at fis Gorffennaf 2012)
14. Yr yrfa ryngwladol hiraf (rhwng 1940 a 1960, 20 mlynedd 41 diwrnod)
15. Daniel Dubroca
16. Rhif 1
17. 14 oed
18. Japan
19. Llanelli
20. Gwyn Rowlands

Cwis 23

1. Â pha glwb yn Ffrainc yr ymunodd Gavin Henson ym mis Chwefror 2011?

2. Pwy roddodd y bàs ddiwethaf i Shane Williams sgorio'i gais olaf dros Gymru yn erbyn Awstralia ym mis Rhagfyr 2011?
   a) Scott Williams
   b) Jonathan Davies
   c) Jamie Roberts

3. Faint o chwaraewyr oedd yn chwarae i un tîm ar y cae rhwng 1871 ac 1876?
   a) 16
   b) 18
   c) 20

4. Pwy oedd y cefnwr i'r Llewod ym mhob gêm brawf ar y daith i Awstralia yn 1989?

5. Â pha dîm y cysylltir y diweddar Huw Ceredig fel Cadeirydd?

6. Pwy yw'r chwaraewr ifancaf i sgorio cais dros Gymru?
   a) George North
   b) Tom Prydie
   c) Reggie Gibbs

7. Â pha glwb y cysylltir cyn-glo Lloegr, Bill Beaumont?

8. Beth ddigwyddodd pan gwrddodd De Affrica a Canada yn ystod Cwpan y Byd 1995?
   a) Y nifer fwyaf o gardiau coch mewn gêm ryngwladol
   b) y sgôr uchaf i Dde Affrica yn erbyn Canada
   c) y tro cyntaf i'r dyfarnwr gael ei eilyddio

9. Pwy yw'r capten ifancaf i chwarae dros Gymru?
   a) Gareth Edwards
   b) Rowe Harding
   c) Clive Rowlands

10. Beth yw enw canol y cyn-gefnwr Paul Thorburn?
    a) Howell
    b) Huw
    c) Harold

11. Pwy oedd hyfforddwr cyntaf Cymru yn 1967?

12. Pa brop enillodd ei gap cynta i Gymru yn y Parc des Princes yn erbyn Ffrainc ac yntau'n 33 oed?

13. Pa ddau frawd chwaraeodd gyda'i gilydd am y tro cyntaf dros Gymru yn erbyn Lloegr yn 1991?

14. Pwy yw prif sgoriwr ceisiau Pencampwriaeth y Pum/Chwe Gwlad hyd yn hyn?
    a) Brian O'Driscoll
    b) Shane Williams
    c) Rory Underwood

15. Pa dîm sydd wedi bod yn rownd derfynol Cwpan Sialens Undeb Rygbi Cymru (Cwpan Schweppes, Cwpan Swalec a.y.b.) amlaf ers ei gyflwyno yn 1972?

16. Pa newyddiadurwr gyda'r BBC fu'n chwarae rygbi gyda chlybiau Orrell, Pen-y-bont a Chaerdydd?
    a) Aled ap Dafydd
    b) Rhodri Llywelyn
    c) Iolo ap Dafydd

17. Pwy oedd y dyfarnwr yn rownd derfynol Cwpan y Byd 1991 rhwng Lloegr ac Awstralia?

a) Derek Bevan

b) Clive Norling

c) Fred Howard

18. Pwy oedd partner Tim Horan yn y canol i Awstralia am sawl blwyddyn yn ystod y 1990au ac a gyd-ysgrifennodd llyfr gydag e â'r teitl *Perfect Union*?

19. Pa gyn-gapten Lloegr yw Llywydd Rygbi'r Unol Daleithiau ers 2006?

a) Peter Wheeler

b) Nigel Melville

c) Mike Harrison

20. I fyny at 2013, sawl gwaith mae rownd derfynol Cwpan Heineken wedi cael ei chwarae yng Nghaerdydd?

a) 2

b) 4

c) 6

Atebion Cwis 23

1. Toulon
2. Scott Williams
3. 20
4. Gavin Hastings
5. Pen-y-bont
6. Tom Prydie (18 oed 102 diwrnod)
7. Fylde
8. Y nifer fwyaf o gardiau coch mewn gêm ryngwladol (tri i gyd – i Gareth Rees, Rod Snow a James Dalton)
9. Gareth Edwards (20 oed)
10. Huw
11. David Nash a bu'n gyfrifol am bum gêm
12. Tony 'Charlie' Faulkner
13. Glyn a Gareth Llewellyn
14. Brian O'Driscoll (gyda 25 o geisiau)
15. Llanelli (20 o weithiau)
16. Iolo ap Dafydd
17. Derek Bevan
18. Jason Little
19. Nigel Melville
20. 6 (yn 1995-96, 1996-97, 2001-02, 2005-06, 2007-08 a 2010-11)

Cwis 24

1. I ba glwb yn Ffrainc yr aeth y bachwr Huw Bennett yn 2012?

   a) Lyon

   b) Stade Français

   c) Perpignan

2. Roedd y meddygon Syr David Jones a'i fab, Nathan Jones, yn llywyddion ar Undeb Rygbi Cymru yn eu tro. Roedden nhw'n fwy adnabyddus wrth eu henw canol. Beth oedd e?

   a) Randall

   b) Rodney

   c) Rocyn

3. Pa faswr i Gymru oedd yr unig chwaraewr i sgorio cais yn y gêm yn erbyn De Affrica yn 1998 pan gollodd Cymru o 96 pwynt i 13?

4. Ym mha ddegawd o'r ugeinfed ganrif yr enillodd Cymru'r canran uchaf o'r gemau chwaraeon nhw?

5. Ym mha safle y cynrychiolodd y gôl-geidwad rhyngwladol Dai Davies dîm rygbi Ysgolion Gorllewin Cymru?

   a) canolwr

   b) clo

   c) wythwr

6. Gyda pha glwb yng Nghymoedd Gwent y dechreuodd Rupert Moon ei yrfa?

7. Beth oedd enw bachwr Pont-y-pŵl (a fu farw yn 2007) pan enillon nhw Gwpan Schweppes yn 1983?

8. Pa gyn-flaenasgellwr dros Loegr rhwng 1994 a 2003 gafodd ei wneud yn hyfforddwr blaenwyr tîm Caeredin ym mis Gorffennaf 2012?

9. Pa dîm sy'n chwarae ar y Recreation Ground?

   a) Llanymddyfri

   b) Bedwas

   c) Tredegar

10. Pa dîm enillodd deitl pencampwyr Uwch-gynghrair Lloegr yn nhymor 2011-12?

11. Pa sylwebydd rygbi oedd tad-cu'r mewnwr Rory Lawson?

12. Ym mha ddinas yn Lloegr y ganwyd Phil Mathews, blaenasgellwr a chapten Iwerddon?

   a) Bryste

   b) Caerloyw

   c) Southampton

13. Teitl hunangofiant pa chwaraewr oedd *Ring Master*?

   a) Paul Ringer

   b) Brian Moore

   c) Mark Ring

14. Sawl cic adlam wnaeth Colin Stephens eu cicio'n llwyddiannus yn ystod y gêm rhwng Llanelli ac Awstralia pan enillodd Llanelli o 13 pwynt i 9?

15. Pa gyn-asgellwr rhyngwladol yw tad y cyflwynydd teledu Sarra Elgan?

16. Beth yw'r enw arall ar dîm dan ugain Seland Newydd?

17. Ym mha wlad y ganwyd y chwaraewr rhyngwladol Ffrengig Serge Betsen?

   a) Kenya

   b) Nigeria

   c) Cameroon

18. Pa gyn-faswr o Gymru ddywedodd: 'Dwi'n credu bo' chi'n mwynhau'r gêm yn fwy os nad y'ch chi'n gwybod beth yw'r rheolau. Ta beth, ry'ch chi yn yr un cae â'r dyfarnwyr'?

    a) Barry John

    b) Mark Ring

    c) Jonathan Davies

19. Pwy sy'n cael ei adnabod fel Arglwydd Cwmtwrch?

20. Ym mha flwyddyn y collodd Cymru i'r Eidal am y tro cynta?

    a) 2003

    b) 2004

    c) 2005

Atebion Cwis 24

1. Lyon
2. Rocyn
3. Arwel Thomas
4. 1900au pan enillon nhw 80 y cant o'u gemau
5. Clo
6. Abertyleri
7. Steve 'Junna' Jones
8. Neil Back
9. Tredegar
10. Harlequins
11. Bill McClaren
12. Caerloyw
13. Mark Ring
14. 2
15. Elgan Rees
16. Baby Blacks
17. Cameroon
18. Jonathan Davies
19. Clive Rowlands
20. 2003

Cwis 25

1. Pa gyn-asgellwr i Lanelli ffurfiodd Glwb Rygbi Llangadog gyda help pobl leol yn 1993?
   a) Ieuan Evans
   b) Wayne Proctor
   c) Carwyn Davies
2. Llysenw pa dîm rygbi yw 'The Mules'?
   a) Y Pîl
   b) Porthcawl
   c) Mynydd Cynffig
3. Pa dîm rhyngwladol a gurwyd gan Gasnewydd yn 1969?
   a) De Affrica
   b) Awstralia
   c) yr Ariannin
4. Beth yw'r record mae Diego Ormaechea o Uruguay yn ei ddal yng Nghystadleuaeth Cwpan y Byd?
5. Pa brop a chwaraeodd i Gastell-nedd, Abertawe a Chymru ymunodd â chlwb Rygbi'r Gynghrair St Helen's cyn dychwelyd i Rygbi'r Undeb a chwarae yn nhymor 1995-96 i glwb Grenoble yn Ffrainc?
6. Dywedodd Vernon Davies hyn am ei fab, a ddewisodd chwarae dros Loegr yn lle Cymru: 'I knew he would never play for Wales . . . he's tone deaf.' Pwy oedd y mab?
7. O ba ddinas yn Iwerddon y daw Paul, Richard a David Wallace, Michael Kiernan, Donal Lenihan a Michael Bradley?
8. Beth yw enw canol Zinzan Brooke?
   a) Valentine
   b) Xavier
   c) Willoughby

9. Camber oedd enw canol pa faswr a chwaraeodd dros Abertawe, Castell-nedd a'r Harlequins ac ennill 23 chap rhwng 1996 a 2000?

10. Pa gyn-glo dros Loegr gafodd ei wneud yn Gadeirydd Undeb Rygbi Lloegr yn 2012?

11. Pwy oedd hyfforddwr Awstralia pan enillon nhw eu hail Gwpan y Byd yn 1999?

    a) Bob Dwyer

    b) Rod MacQueen

    c) Eddie Jones

12. Yn 1985, ym mha ddinas y cynhaliwyd y cyfarfod pwysig lle penderfynwyd y byddai Cwpan y Byd yn cael ei chwarae mewn rygbi, a hynny o fewn dwy flynedd?

    a) Sydney

    b) Paris

    c) Llundain

13. Pa chwaraewr o Ffrainc enillodd Wobr Chwaraewr Rhyngwladol y Flwyddyn gan y Bwrdd Rygbi Rhyngwladol yn 2011?

14. Pwy oedd capten Cymru yn eu gêm olaf am sbel hir yn erbyn De Affrica yn 1970?

    a) John Dawes

    b) Dai Morris

    c) Gareth Edwards

15. Beth yw enw gwraig canolwr Lloegr, Mike Tindall?

16. Pa Sais oedd yn dyfarnu yng ngêm rownd derfynol Cwpan y Byd 1995 yn Ne Affrica rhwng De Affrica a Seland Newydd?

17. Yn erbyn pa wlad y chwaraeodd J. P. R. Williams gêm yn safle'r blaenasgellwr yn 1978?

18. Pa dîm rygbi sy'n chwarae ym Mharc Glyncynwal?

    a) Rhydaman

    b) Cwmllynfell

    c) Cwmtwrch

19. Sawl cais sgoriodd Gareth Thomas dros Gymru?

    a) 35

    b) 38

    c) 40

20. Beth oedd enw tad y sylwebydd rygbi Huw Llywelyn Davies, a fathodd lawer iawn o dermau rygbi yn y Gymraeg?

Atebion Cwis 25

1. Carwyn Davies
2. Mynydd Cynffig
3. De Affrica
4. Y chwaraewr hynaf i chwarae mewn gêm yng Nghwpan y Byd (40 oed a 26 diwrnod yn 1999 yn erbyn De Affrica)
5. Stuart Evans
6. Huw Davies
7. Cork
8. Valentine
9. Arwel Thomas
10. Bill Beaumont
11. Rod MacQueen
12. Paris
13. Thierry Dusautoir
14. Gareth Edwards
15. Zara Phillips
16. Ed Morrison
17. Awstralia
18. Cwmtwrch
19. 40
20. Eic Davies

Cwis 26

1. Fe enillodd y maswr o Loegr, Owen Farrell, ei gap cyntaf yn 2012, ond sawl blwyddyn cyn hynny yr enillodd ei dad, Andy, ei gap cyntaf?
2. Beth oedd enw cyn-chwaraewr ail reng a chapten Castell-nedd a ddaeth yn rheolwr ar y tîm yn ystod y 1980au a'r 1990au ac a fu farw ym mis Gorffennaf 2012 yn 72 oed?
3. Beth yw enw'r cefnwr dros Loegr a Northampton Saints, sy'n briod â'r gantores Wyddelig Una Healy?
4. Beth oedd enw'r ddau frawd a chwaraeodd gyda'i gilydd yn y pac i Gymru yn erbyn Fiji yn 1986; y ddau frawd cyntaf i wneud hyn ers 49 mlynedd?
5. Pa sylwebydd a newyddiadurwr rygbi chwaraeodd dros Bont-y-pŵl rhwng 1976 a 1990, ac a fuodd yn gapten ar y clwb rhwng 1982 a 1985?
6. Beth yw enw cyn-glo Seland Newydd a enillodd 79 o gapiau yn ystod y 1990au, a chanddo'r llysenw 'Kamo' ar ôl ei dre enedigol?
7. Â pha dîm Rygbi'r Gynghrair yr ymunodd Scott Quinnell yn 1994?

   a) Wigan

   b) Widnes

   c) St Helen's
8. Faint o bwyntiau sgoriodd De Affrica yn erbyn Cymru ar daith Cymru i Zimbabwe a De Affrica yn 1998?
9. Teitl hunangofiant pa flaenasgellwr oedd *Life on The Flanks*?

   a) John Taylor

   b) George Smith

   c) Richard Hill

10. Ym mha safle yr enillodd Gerald Davies ei gap cyntaf?

11. Pa frawd i Barry John deithiodd gyda Chymru i'r Ariannin yn 1968 ac ymweld â Phatagonia gyda'r hyfforddwr Clive Rowlands?

a) Alan John

b) Clive John

c) Del John

12. Teitl hunangofiant pa fachwr o Loegr oedd *Beware of The Dog*?

13. Pa gyn-fewnwr i Lourdes, Agen a Ffrainc yw hyfforddwr tîm rygbi Racing Métro ym Mharis?

14. Gyda pha dîm pêl-droed y cafodd Sam Warburton dreialon?

a) Norwich City

b) Birmingham City

c) Cardiff City

15. Yn erbyn pa wlad enillodd Gavin a Scott Hastings eu capiau cyntaf yn 1986?

a) Ffrainc

b) Lloegr

c) Fiji

16. Beth yw enw bachwr presennol Stade Français, sydd wedi ennill pum cap dros y Crysau Duon ers 2009, ond a allai fod wedi chwarae dros Gymru oherwydd bod ei fam-gu a'i dad-cu yn Gymry?

17. I ba dalaith Wyddelig y cafodd Rob Penney, cyn-hyfforddwr Canterbury a thîm dan ugain Seland Newydd, ei ddewis fel prif hyfforddwr yn 2012?

18. Ym mha wlad y ganwyd Mike Catt, y chwaraewr rhyngwladol dros Loegr?

19. Fel beth y cafodd John R. West ei ddisgrifio yn un o ganeuon Max Boyce yn 1974?

20. Â pha dîm yn Ffrainc yr ymunodd Dan Carter, maswr Seland Newydd, ym mis Mehefin 2008?

Atebion Cwis 26

1. Pum mlynedd, yn 2007
2. Brian Thomas
3. Ben Foden
4. Y brodyr Moriarty, Paul a Richard
5. Eddie Butler
6. Ian Jones
7. Wigan
8. 96
9. Richard Hill
10. Canolwr mewnol
11. Alan John
12. Brian Moore
13. Pierre Berbizier
14. Cardiff City
15. Ffrainc
16. Aled De Malmanche
17. Munster
18. De Affrica
19. 'Blind Irish Referee'
20. Perpignan

Cwis 27

1. Â pha glwb yr arwyddodd Xavier Rush, wythwr y Gleision, gytundeb, dwy flynedd cyn newid ei feddwl ac aros gyda'r Gleision yn 2010?
   a) Leinster
   b) Munster
   c) Ulster

2. Pa gyn-gapten a blaenasgellwr o'r Alban enillodd ei gap cyntaf yn 28 oed yn 1986, a mynd ymlaen i gynrychioli ei wlad 34 o weithiau? Roedd ganddo efaill o'r enw Jim a enillodd 27 o gapiau, ond chwaraeon nhw erioed i dîm yr Alban gyda'i gilydd.

3. Pa dîm enwog yn hanes rygbi Cymru gafodd eu gollwng o uwch-gynghrair newydd Cymru ym mis Gorffennaf 2012?

4. Pa dîm rygbi sy'n chwarae ar Barc Stephens yn ne-orllewin Cymru?
   a) Cydweli
   b) Quins Caerfyrddin
   c) Porth Tywyn

5. Beth oedd enw brawd y canolwr Bleddyn Williams, a enillodd 13 chap yn safle'r mewnwr rhwng 1957 a 1962?
   a) Lloyd
   b) Gwyn
   c) Elwyn

6. Pa faswr adawodd Llanelli i fynd i chwarae gyda chlwb Rygbi'r Gynghrair Hull yn 1986?

7. Pa aelod o lwyth yr Yoruba yn Nigeria a astudiodd Economeg a Chymdeithaseg ym Mhrifysgol Abertawe, ac ennill wyth cap dros Loegr rhwng 1996 a 1998 ar yr asgell?
   a) Steve Ojomoh
   b) Chris Oti
   c) Adedayo Adebayo

8. Fe sgoriodd Gareth Thomas bedwar cais yn ei gêm gynta dros ei wlad, a hynny yng ngêm agoriadol Cwpan y Byd 1995. Ond yn erbyn pwy roedden nhw'n chwarae?

9. Yn Ne Affrica, pa gefnwr o'r 1990au a ragflaenodd Percy Montgomery oedd yn cael ei gydnabod fel 'Rolls Royce' o gefnwr?

10. Beth yw enw cyn-hyfforddwr Ffrainc rhwng 1999 a 2007, a fuodd yn Ysgrifennydd Gwladol dros Chwaraeon yn Llywodraeth Ffrainc rhwng 2007 a 2009 ac ers 2011 sy'n hyfforddwr Toulon?

11. Pam fu'n rhaid i Mark Ring ymddiheuro i glwb Cymry Llundain ym mis Ionawr 1989?

    a) roedd wedi dweud wrth y wasg bod y tîm yn un gwael

    b) roedd wedi ceisio cicio trosiad hefo'i sawdl

    c) bu'n ymladd yn y stafell newid

12. Pa asgellwr oedd Chwaraewr y Flwyddyn yng Nghymru yn 1990?

    a) Mark Titley

    b) Ieuan Evans

    c) Arthur Emyr

13. Yn 1988 yn y gêm rhwng Cymru a Romania, fe enwodd Cymru linell dri chwarter o'r un clwb – Pen-y-bont. Glen Webbe a Richard Diplock oedd yr asgellwyr, a Mike Hall oedd un o'r canolwyr. Ond pwy oedd y canolwr arall, a aeth ymlaen i chwarae Rygbi'r Gynghrair?

14. Pa fachwr oedd capten Cymru ar y daith i Dde Affrica yn 1995, y daith gyntaf yno ers 1964?

15. Pa chwaraewr ail reng i Gymru a anwyd yn Camborne yng Nghernyw ac sydd ers 2012 yn chwarae yn Ffrainc?

16. Pa ganolwr, a enillodd 33 o gapiau dros Dde Affrica, ymunodd â Chaerdydd yn 2000, a chwarae 68 o weithiau drostynt?

17. Pa flaenasgellwr i Gymru a ymddeolodd o'r gêm yn 28 oed ym mis Ionawr 2011 er mwyn profi mwy o sialensau newydd ar ôl chwarae i dîm Gleision Caerdydd a Dreigiau Gwent?

18. Pa arwr Gwyddelig, dewin o faswr a chanolwr, a enillodd 69 o gapiau dros ei wlad rhwng 1964 a 1979, a ddywedodd: 'Tony Ward is the most important rugby player in Ireland. His legs are far more important to his country than even those of Marlene Dietrich were to the film industry. A little hairier, maybe, but a pair of absolute winners'?

19. Pa Gymro oedd capten tîm aflwyddiannus y Llewod yn 1977 ar y daith i Seland Newydd pan gollon nhw'r gyfres 3–1?

20. Yn ystod Pencampwriaeth y Pum Gwlad pan enillodd Cymru'r Goron Driphlyg yn 1988, yr un rheng ôl a chwaraeodd ym mhob gêm. Rowland Phillips oedd y blaenasgellwr ochr dywyll, a Paul Moriarty oedd yr wythwr. Ond pwy oedd y blaenasgellwr agored?

Atebion Cwis 27

1. Ulster
2. Finlay Calder
3. Pont-y-pŵl
4. Cydweli
5. Lloyd
6. Gary Pearce
7. Adedayo Adebayo
8. Japan
9. André Joubert
10. Bernard Laporte
11. Roedd wedi ceisio cicio trosiad hefo'i sawdl
12. Arthur Emyr
13. John Devereux
14. Jonathan Humphreys
15. Luke Charteris
16. Pieter Muller
17. Robin Sowden Taylor
18. Mike Gibson
19. Phil Bennett
20. Richie Collins

Cwis 28

1. Beth oedd cyfenw'r tri brawd Mark, Glen a Gary, a fu'n cynrychioli Awstralia ar ddechrau'r 1980au?
2. Pa gyn-Brif Weinidog ddywedodd hyn: 'My favourite sport at school was rugby. All sports are teamwork, but rugby particularly is about teamwork and I think teamwork is the essence of this'?

   a) Tony Blair

   b) Edward Heath

   c) Gordon Brown
3. Pwy oedd capten y Llewod ar eu taith i Dde Affrica yn 2009?
4. Pwy sgoriodd dri chais i Gymru yn erbyn Awstralia yn 1975, pan gurodd Cymru nhw o 28 pwynt i 3?
5. Pa gyn-gapten dros Loegr a lansiodd sawsiau pasta a enwyd ar ei ôl?
6. Yn 1967, yn y gêm rhwng Cymru a Seland Newydd, fe gollodd Cymru o 6 phwynt i 13. Fe giciodd Barry John gôl adlam, ond pa fachwr giciodd y gic gosb dros Gymru?

   a) Norman Gale

   b) Jeff Young

   c) Bobby Windsor
7. Pa faswr dadleuol ymunodd â Sale Sharks ym mis Gorffennaf 2012?
8. Pa gyn-hyfforddwr dros Gaerdydd ddaeth yn hyfforddwr tîm yr Eidal rhwng 1975 a 1977, ac yn nes ymlaen bu'n hyfforddwr Roma a Treviso?

   a) Roy Bish

   b) Carwyn James

   c) David East

9. Beth oedd enw capten Lloegr pan enillon nhw'r Gamp Lawn yn 1957?

   a) Dicky Jeeps

   b) Eric Evans

   c) Reg Higgins

10. Daeth tîm Ffrainc i gytundeb ag Adidas i gynhyrchu eu crysau am chwe blynedd o 2012 ymlaen. Ond pa gwmni fuodd yn cynhyrchu eu crysau rhwng 2002 a 2012?

11. Yn 1996 pa Gymro na chafodd gap dros ei wlad a chwaraeodd dros Brive yng ngêm rownd derfynol Cwpan Heineken?

12. Beth yw enw'r blaenasgellwr a anwyd yn Watford yn 1945, ac a chwaraeodd dros Gymry Llundain a Chymru, a'i lysenw oedd Basil Brush?

13. Beth oedd enw'r pentre dychmygol a ddyfeisiodd y cartwnydd Gren yn y golofn gartŵn 'Ponty'n'Pop'?

14. Enw canol pa gyn-asgellwr dros Gymru yw Cenydd?

15. Beth oedd enw'r dyfarnwr o Loegr a ddyfarnodd y gêm dyngedfennol yn 2009 pan enillodd Iwerddon y Gamp Lawn yn erbyn Cymru o 17 pwynt i 15?

   a) Dave Pearson

   b) Wayne Barnes

   c) Chris White

16. Pwy oedd yr hyfforddwr cyntaf o ogledd Cymru i hyfforddi'r tîm cenedlaethol?

17. Beth oedd enw cefnwr Awstralia ym mhob gêm iddyn nhw yn ystod eu Cwpan y Byd llwyddiannus yn 1991?

18. Pa asgellwr o Gaerdydd, a sgoriodd ddau gais yn erbyn Lloegr yn 1988 cyn symud i Rygbi'r Gynghrair, a ddywedodd: 'League is much, much more physical than Union, and that's before anyone starts breaking the rules'?

19. Ar ba daith gyda'r Llewod yr enillodd David Sole ei dri chap?

20. Beth yw enw'r mewnwr Gwyddelig a chwaraeodd naw gwaith dros Iwerddon, mynd ar daith i Dde Affrica gyda'r Llewod yn 1980 a serennu yno, symud i Dde Affrica yn 1981, ac sydd erbyn hyn yn un o gyflwynwyr radio mwyaf adnabyddus y wlad?

a) Michael Bradley

b) John Robbie

c) Rob Saunders

Atebion Cwis 28

1. Ella
2. Gordon Brown
3. Paul O'Connell
4. J. J. Williams
5. Lawrence Dallaglio
6. Norman Gale
7. Danny Cipriani
8. Roy Bish
9. Eric Evans
10. Nike
11. Tony Rees
12. John Taylor
13. Aberflyarff
14. Ieuan Evans
15. Wayne Barnes
16. Tony Gray
17. Marty Roebuck
18. Adrian Hadley
19. 1989 i Awstralia
20. John Robbie

Cwis 29

1. Pa gapten dros Gymru a enillodd y Gamp Lawn ac a chwaraeodd dros dîm Crwydriaid Caeredin (Edinburgh Wanderers)?

   a) John Gwilliam

   b) Cliff Morgan

   c) Bleddyn Williams

2. Chwaraeodd y clo Mike Whitson 30 gwaith dros Gastell-nedd rhwng 1989 a 1994. Roedd ei dad yn flaenasgellwr ac yn un o arwyr tîm Casnewydd yn ystod y 1950au a'r 1960au, a bu farw'n ddyn ifanc. Beth oedd ei enw?

3. Pa flaenasgellwr sgoriodd ddau gais yn erbyn yr Alban yn 1985, ac sydd erbyn hyn yn un o brif swyddogion Undeb Rygbi Cymru?

4. Beth oedd gwaith Roger Lewis cyn iddo gymryd swydd Prif Weithredwr Undeb Rygbi Cymru?

   a) Cyfarwyddwr Rheoli Sony yn Llundain

   b) Cyfarwyddwr Rheoli ITV Cymru

   c) Cyfarwyddwr Rheoli Reebok yn Llundain

5. Pa asgellwr o Loegr gyhoeddodd ym mis Gorffennaf 2012 fod ei yrfa ryngwladol drosodd ar ôl cael ei anwybyddu gan yr hyfforddwr Stuart Lancaster?

6. Pa gyn-asgellwr bydenwog a ddisodlodd Pat Lam fel prif hyfforddwr tîm y Blues yn Seland Newydd yn 2012?

   a) David Campese

   b) Va'aiga Tuigamala

   c) John Kirwan

7. Enillodd Gareth Thomas gant o gapiau dros Gymru rhwng 1995 a 2007. Ond ym mha flwyddyn enillodd ei hanner canfed cap?

   a) 2000

   b) 2001

   c) 2002

8. Beth yw enw'r chwaraewr o Abertawe sy'n chwarae i Wyddelod Llundain a geisiodd ei wneud ei hun yn gymwys i chwarae dros yr Alban yn 2012, cyn cael ei wrthod a throi ei olygon 'nôl at Gymru?

9. Pwy oedd capten Awstralia rhwng 1988 a 1992?

10. I fyny at 2013, sawl gwaith mae Cymru wedi colli yn erbyn yr Ariannin?

11. Pa asgellwr o Ffrainc oedd yn cael ei adnabod fel 'Le Goret' (y mochyn bach)?

    a) Phillipe Saint-André

    b) Jean-Luc Sadourny

    c) Phillipe Bernat-Salles

12. Pa wrthwynebydd o faswr dros Nottingham, Wasps a Newcastle roedd Gregor Townsend yn ei edmygu fwyaf?

13. Yn 2003, datganodd arolwg barn gan y cylchgrawn *Rugby World* mai Gareth Edwards oedd y chwaraewr rygbi gorau erioed. Ond fe ddywedodd e fod mewnwr arall wedi cael y gorau arno yn y saith cyfarfod a gawson nhw. Pwy oedd e?

14. Pa dîm sy'n chwarae yn Adams Park, High Wycombe?

15. Pa glo o Dde Affrica a darodd Derwyn Jones yn anymwybodol yn y gêm rhyngddyn nhw a Chymru yn 1995, a sgorio cais yn yr un gêm?

16. Sawl capten tîm ar *A Question of Sport* rhwng 1970 a 2013 oedd yn chwarae rygbi?

17. Beth oedd enw'r dyfarnwr y gwnaeth y Cymry ei feio am roi cic gosb yn erbyn Geoff Wheel am wthio yn y llinell yn y gêm rhwng Cymru a Seland Newydd yn 1978?

18. Pa dîm enillodd Gwpan Heineken am y tro cyntaf ar 6 Ionawr 1996?

19. Pa chwaraewr o Faesteg a olynodd J. P. R. Williams fel cefnwr Cymru ar ôl iddo ymddeol?

20. Pa gyn-hyfforddwr dros Gymru oedd capten Cymry Llundain rhwng 1979 a 1982?

Atebion Cwis 29

1. John Gwilliam
2. Geoff
3. David Pickering
4. Cyfarwyddwr Rheoli ITV Cymru
5. Mark Cueto
6. John Kirwan
7. 2001
8. Steven Shingler
9. Nick Farr Jones
10. Pedair gwaith, mewn 13 gêm
11. Phillipe Saint-André
12. Rob Andrew
13. Sid Going o Seland Newydd
14. Piffgwn Llundain (y Wasps)
15. Kobus Wiese
16. Chwech: Cliff Morgan, Gareth Edwards, Bill Beaumont, Matt Dawson, Will Carling a Rob Wainwright
17. Roger Quittenton
18. Toulouse
19. Gwyn Evans
20. Kevin Bowring

Cwis 30

1. Pwy gafodd ei enwi'n gapten ar dîm Dreigiau Gwent ar gyfer tymor 2012-13?

2. Pa Jonathan arall o dîm Llanelli a ddilynodd Jonathan Davies i chwarae Rygbi'r Gynghrair yn 1989?

3. Pam y cosbwyd blaenasgellwr yr Alban John Jeffrey, ac wythwr Lloegr Dean Richards ar ôl gêm yr Alban v Lloegr yn 1988?

   a) am gicio Cwpan Calcutta o gwmpas strydoedd Caeredin

   b) am dynnu eu dillad yng nghanol strydoedd Caeredin ar ôl meddwi

   c) am ymladd mewn tafarn ar ôl y gêm

4. Pa fewnwr enillodd Chwaraewr Gorau Cymru yn 1970, y flwyddyn yr enillodd ei unig gap?

5. Pam y gohiriwyd y gêm rhwng Iwerddon a Chymru ym Mhencampwriaeth y Pum Gwlad yn 1962?

   a) oherwydd achosion o'r frech wen yng Nghymru

   b) rhew ar y cae

   c) peryglon Gogledd Iwerddon

6. Ar wahân i Maurice Colclough, pa Colclough arall (er nad oedd yn berthynas iddo) fuodd yn chwarae dros Abertawe rhwng 1978 a 1998?

7. Sawl gwaith y bu Pont-y-pŵl yn Bencampwyr Clybiau Cymru yn y 1980au?

8. Pa gyn-hyfforddwr dros Gymru o Ynys-y-bwl ddywedodd fod: 'Cymru erioed wedi cael tîm alle guro pawb yn y byd. Roedd tîm y saith degau yn dda, ond ddim mor dda â hynny'?

9. Ar daith Awstralia i Gymru yn 1992, fe alwyd ar y blaenasgellwr Simon Poidevin (a enillodd 59 cap dros Awstralia) i ymuno â'r daith oherwydd anafiadau am ei fod e'n digwydd bod yng Nghymru. Ond pam oedd e yng Nghymru?

   a) roedd e yma ar fusnes

   b) fe oedd y sylwebydd ar gyfer teledu Awstralia

   c) roedd e'n aros gyda'i deulu-yng-nghyfraith

10. Faint o flaenwyr tîm Coleg Trydyddol Castell-nedd 1992 aeth ymlaen i gael capiau llawn dros Gymru?

11. Pa Gymro oedd chwaraewr y gyfres yn nhaith y Llewod i Dde Affrica yn 1997?

    a) Robert Howley

    b) Scott Quinnell

    c) Scott Gibbs

12. Pwy chwaraeodd ran Maldwyn Novello Pughe yn y ffilm *Grand Slam*?

13. Beth yw enw brawd Zinzan Brooke, a enillodd 62 o gapiau dros Seland Newydd, pedwar yn fwy na'i frawd?

14. Pa hyfforddwr dros Awstralia a enillodd bum cap dros Seland Newydd fel cefnwr rhwng 1983 a 1984?

15. Pwy oedd capten Gorllewin Samoa yng Nghwpan y Byd yn 1991 ac yn 1995?

    a) Lolani Koko

    b) Stan Toomalatai

    c) Peter Fatialofa

16. Pa gyn-faswr dros Gymru, Pen-y-bont ac Abertawe sgoriodd y pwyntiau olaf yng ngêm rownd derfynol Cwpan Swalec yn 1997, a'r rheiny oedd y pwyntiau olaf i gael eu sgorio mewn gêm yn yr hen Barc yr Arfau?

17. Pa asgellwr o Gymro fuodd yn chwarae i'r Barbariaid yn erbyn Cymru yn 1996 ac yntau'n 33 oed?

18. Pa gefnwr dros Iwerddon a sgoriodd yn ei gêm gynta i'w wlad yn erbyn Ffrainc yn 1981?

    a) Hugo MacNeil

    b) Kevin O'Brien

    c) John Murphy

19. Pa hyfforddwr Eidalaidd gafodd 56 cap dros Ffrainc rhwng 1981 a 1991?

20. Beth yw enw tad y cyflwynydd radio a theledu Rick O'Shea, a chwaraeodd rygbi bum gwaith dros Gymru yn safle'r prop?

Atebion Cwis 30

1. Lewis Evans
2. Jonathan Griffiths
3. Am gicio Cwpan Calcutta o gwmpas strydoedd Caeredin
4. Ray 'Chico' Hopkins
5. Oherwydd achosion o'r frech wen yng Nghymru
6. Keith
7. Teirgwaith (rhwng 1983 a 1986)
8. Alan Davies
9. Fe oedd y sylwebydd ar gyfer teledu Awstralia
10. Pedwar: Christian Loader, Spencer John, Rob Appleyard a Darren Morris
11. Scott Gibbs
12. Siôn Probert
13. Robin
14. Robbie Deans
15. Peter Fatialofa
16. Aled Williams
17. Nigel Walker
18. Hugo MacNeil
19. Pierre Berbizier
20. John O'Shea

Cwis 31

1. Pa wythwr o Awstralia fuodd yn chwarae i'r Sgarlets rhwng 2008 a 2011, ond sydd erbyn hyn yn chwarae i Stade Français?

2. Beth oedd llysenw'r canolwr Dr Jack Mathews, a fu farw yn 2012 yn 92 oed?

   a) Hard Man

   b) The Boxer

   c) Iron Man

3. Pa gyn-glo dros Loegr yn ystod y 1990au sydd wedi ymddangos yn yr holl ffilmiau Harry Potter ac sydd erbyn hyn yn un o gyflwynwyr *Crimewatch*?

4. Pwy oedd prif faswr De Affrica yn ystod Cwpan y Byd 1995?

5. Pwy roddodd y bàs i Ieuan Evans sgorio'r cais bythgofiadwy yn erbyn yr Alban yn 1988 pan enillodd Cymru'r Goron Driphlyg?

   a) Bleddyn Bowen

   b) Mark Ring

   c) Adrian Hadley

6. Pa faswr a ymunodd â Gleision Caerdydd o Ddreigiau Gwent yn ystod haf 2012?

7. Pwy oedd y blaenwr cynta i sgorio mwy nag 20 cais dros Gymru?

8. Ym mha flwyddyn yn ystod y 1990au y collodd Cymru bob gêm ym Mhencampwriaeth y Pum Gwlad am y tro cyntaf erioed?

9. Pa ogleddwr yn yr ail reng a fu'n chwarae dros Abertawe oedd capten Cymru ar eu taith i Japan yn 2001?

10. Y tro cyntaf i Gymru faesu rheng flaen o'r un clwb oedd yn 1975 a'r clwb hwnnw oedd Pont-y-pŵl. Y tro nesa i hyn ddigwydd oedd yn 1987 yn erbyn Canada yn ystod Cwpan y Byd, ond o ba glwb roedd y rheng flaen hynny'n dod?

11. Pa gyn-asgellwr cryf o'r Rhondda oedd yn chwarae yn ystod y 1970au oedd yn Gyfarwyddwr Hyfforddi pan oedd Kevin Bowring yn Hyfforddwr yn ystod y 1990au?

12. Pa glwb o'r Gogledd sy'n chwarae ar Barc Bodegroes?

    a) Llangefni

    b) Pwllheli

    c) Caernarfon

13. Ble chwaraeodd Iwerddon eu gêm yn erbyn Cymru yn 2010?

14. Pwy oedd y bachwr cyntaf i godi Cwpan y Byd?

    a) Sean Fitzpatrick

    b) John Smit

    c) Phil Kearns

15. Pa asgellwr sydd wedi sgorio'r ddau gais cyflymaf dros Gymru – y naill ar ôl 33 eiliad a'r llall ar ôl 46 eiliad?

16. Pa chwaraewr sgoriodd y nifer fwyaf o geisiau dros Gymru yn ystod y 1960au?

    a) Dewi Bebb

    b) Gareth Edwards

    c) Maurice Richards

17. Dros ba wlad y buodd y maswr Diego Dominguez yn chwarae cyn troi ei olygon at yr Eidal, lle chwaraeodd dros 74 o gemau rhwng 1991 a 2003?

a) Chile

b) Yr Ariannin

c) Venezuela

18. Hunangofiant pa chwaraewr oedd â'r teitl *In Strength and Shadow*?

a) Mervyn Davies

b) Dai Morris

c) Derek Quinnell

19. Pa gefnwr a adawodd Clwb Rygbi'r Gynghrair Wigan yn 2000 ac ymuno â Chlwb Rygbi'r Undeb Sale Sharks, a mynd ymlaen i chwarae dros Loegr?

20. Pa chwaraewr Gwyddelig anfarwol oedd yn hyfforddwr ar eu tîm cenedlaethol rhwng 1980 a 1984?

Atebion Cwis 31

1. David Lyons
2. Iron Man
3. Martin Bayfield
4. Joel Stransky
5. Mark Ring
6. Jason Tovey
7. Colin Charvis
8. 1990
9. Andy P. Moore
10. Caerdydd: Jeff Whitefoot, Alan Phillips a Steve Blackmore oedd y chwaraewyr
11. John Bevan
12. Pwllheli
13. Parc Croke
14. John Smit (yn 2007)
15. Ieuan Evans
16. Dewi Bebb (deg cais)
17. Yr Ariannin (dau gap yn 1989)
18. Mervyn Davies
19. Jason Robinson
20. Willie John McBride

Cwis 32

1. Pa actor sydd wedi dangos diddordeb mawr yn chwarae Gareth Thomas mewn ffilm am ei fywyd?

2. Pa gapten ar dîm Seland Newydd ddywedodd ar eu taith i Gymru ac Iwerddon yn 1989: 'Byddwn ni'n falch o adael Cymru a chyrraedd Iwerddon', am eu bod nhw wedi dod ar draws tipyn o gasineb tuag atynt ar y daith?

   a) Zinzan Brooke

   b) Wayne Shelford

   c) Sean Fitzpatrick

3. Beth oedd enw'r Cymro Cymraeg oedd yn gigydd wrth ei alwedigaeth, a fu'n gapten tîm Cymru yn ystod y 1950au, ac a fuodd yn ohebydd rygbi i'r *Observer* am 35 mlynedd?

4. Pa dîm rygbi yng ngorllewin Cymru sy'n chwarae ar Gae William?

   a) Llandeilo

   b) Y Tymbl

   c) Crymych

5. Beth yw teitl newydd Brett Gosper?

6. I ba wlad roedd blaenwyr y 'Terrible Eight' yn perthyn yn 1914?

   a) Iwerddon

   b) Seland Newydd

   c) Cymru

7. Pam y cafodd Kevin Fox, blaenasgellwr Castell-nedd, ei wahardd am fis gan Undeb Rygbi Cymru yn nhymor 1992-93?

   a) am ymladd mewn gêm yn erbyn Pontypridd

   b) am gymryd moddion peswch

   c) am enllibio'r Undeb

8. Pwy oedd capten Cymru pan enillon nhw Bencampwriaeth y Pum Gwlad yn 1994?

9. Viv Jenkins oedd y cefnwr cyntaf i sgorio cais dros Gymru, a hynny yn 1934, ond pwy oedd yr ail gefnwr i wneud yr un fath?

10. Pryd enillodd Caerdydd Gwpan Schweppes am y tro cynta?

11. Pa rif oedd ar gefn Jonny Wilkinson pan enillodd Cymru yn erbyn Lloegr yn Wembley yn 1999?

12. Beth ddywedodd Prif Weinidog Samoa, Tuilaepa Sa'ilele Malielegaoi, i gythruddo'r Bwrdd Rygbi Rhyngwladol?
    a) bod cyfiawnhad dros daflu carreg at ddyfarnwr weithiau
    b) os oes rhywun yn taro chwaraewr ar y cae dyle pawb o'i dîm ymuno i'w amddiffyn
    c) os yw penderfyniad gan y dyfarnwr yn mynd yn groes i'r hyn mae'r hyfforddwr yn ei gredu, dylai'r tîm gerdded oddi ar y cae

13. Pa asgellwr o Gymru sgoriodd dri chais yn erbyn Tonga yng Nghwpan y Byd yn 1987 cyn cael ei hela adre ar ôl cael ergyd i'w ben?

14. Pwy oedd Cadeirydd Undeb Rygbi Cymru yn y cyfnod pan adeiladwyd Stadiwm y Mileniwm?

15. Pwy ddaeth yn brif hyfforddwr tîm rygbi merched Cymru yn 2011 ar ôl i Kris De Scossa adael?
    a) Rhys Edwards
    b) Bradley Williams
    c) Michael Rathbone

16. Â pha glwb yng Nghymru yr ymunodd Kuli Faletau, tad Toby, yn 1997?

17. Er bod Chris Paterson wedi ennill y rhan fwyaf o'i 109 cap fel cefnwr, fe chwaraeodd 25 o gapiau ym mha safle arall?

18. Beth oedd llysenw Mark Brown, blaenasgellwr Pontypridd a Chymru yn ystod y 1980au, llysenw a blas ditectif iddo?

19. Pa ganolwr o Abercraf fuodd yn chwarae i Abertawe rhwng 1976 a 1983, wedyn symud i Gaerdydd a chwarae yno tan 1988 cyn mynd yn hyfforddwr gydag Abertawe?

20. Beth oedd lliw crysau gwreiddiol tîm Llanelli yn 1872?

Atebion Cwis 32

1. Mickey Rourke
2. Wayne Shelford
3. Clem Thomas
4. Llandeilo
5. Prif Weithredwr y Bwrdd Rygbi Rhyngwladol
6. Cymru
7. Am gymryd moddion peswch
8. Ieuan Evans
9. Keith Jarrett
10. 1981
11. 12
12. Bod cyfiawnhad dros daflu carreg at ddyfarnwr weithiau
13. Glen Webbe
14. Glanmor Griffiths
15. Rhys Edwards
16. Glyn Ebwy
17. Asgellwr adain chwith
18. Shaft
19. Alun Donovan
20. Glas tywyll

Cwis 33

1. Pwy oedd y chwaraewr diwethaf i sgorio cais yn Lansdowne Road yn Nulyn yn y gêm rhwng Iwerddon a Chymru yn 2006?
   a) David Wallace
   b) Ronan O'Gara
   c) Peter Stringer

2. Pwy oedd capten Awstralia am y tro cyntaf yn y gêm yn erbyn yr Alban ym mis Mehefin 2012?

3. Pa fewnwr o Loegr enillodd *Celebrity Masterchef* yn 2006?

4. Ar ôl taith y Llewod yn 1974, pwy oedd yn cael ei adnabod fel 'The Welsh Whippet'?

5. Pa gomedïwr oedd yn cofio am rygbi pan oedd yn yr ysgol fel 'tribal shit'?
   a) Rhod Gilbert
   b) Stephen Fry
   c) Alan Carr

6. Teitl llyfr o 2005 gan bwy oedd *There and Back – My Journey to League to Union and Back Again*?

7. Pwy oedd y chwaraewr cynta i gael ei enwi'n gapten ar ddwy daith Llewod?
   a) Martin Johnson
   b) Wille John McBride
   c) Cliff Morgan

8. Pa Ffrancwr enwog sydd wedi bod yn gerflunydd o bwys ers dros 30 mlynedd?
   a) Walter Spanghero
   b) Daniel Dubroca
   c) Jean-Pierre Rives

9. Pa flaenasgellwr o Sais oedd y cynta i gael ei hel o'r cae yn Twickenham yn erbyn Samoa yn 2005 ar ôl bwrw Alesana Tuilagi?

   a) Laurence Dallaglio

   b) Lewis Moody

   c) Martin Corry

10. Pa dîm oedd y tîm olaf i ennill Pencampwriaeth y Pum Gwlad yn 1999 cyn dyfodiad Pencampwriaeth y Chwe Gwlad?

11. Pa Americanwr enillodd y Fedal Aur yng nghystadleuaeth y 110 metr dros y clwydi yng Ngemau Olympaidd Los Angeles 1984, sef yr un ras ag yr oedd Nigel Walker yn ei rhedeg dros Brydain?

    a) Greg Foster

    b) Roger Kingdom

    c) Tony Campbell

12. Yng Ngwobr Personoliaeth Chwaraeon y Flwyddyn yn yr Alban, dim ond dau chwaraewr rygbi sydd wedi ei hennill ers 1977. Gavin Hastings oedd un, yn 1995, ond pwy arall enillodd yn 1990?

13. Beth yw enw canol y maswr Neil Jenkins?

    a) Sean

    b) Roger

    c) Daniel

14. Pa gwmni sefydlodd Fran Cotton a Steve Smith, cyn-chwaraewyr Lloegr, yn 1987?

15. Pa dîm o'r pum gwlad oedd y mwyaf llwyddiannus yn ystod y 1980au?

16. Pa stadiwm sy'n cael ei adnabod fel 'The Cabbage Patch'?

17. Beth yw elusen swyddogol Rygbi Prydain ac Iwerddon?

18. Pa gefnwr oedd canfed capten Cymru?

    a) Terry Davies

    b) J. P. R. Williams

    c) Paul Thorburn

19. Pa chwaraewr oedd yn cael ei adnabod fel 'The Raging Potato'?

    a) Phil May

    b) Brian Moore

    c) Keith Wood

20. Pam fod enw'r Gwyddel Barry Bresnihan mor arwyddocaol?

    a) Y chwaraewr cyntaf i ddod ymlaen fel eilydd yn Rygbi'r Undeb

    b) y capten cynta i gael ei hel oddi ar y cae

    c) y chwaraewr rhyngwladol cynta i droi'n ddyfarnwr

Atebion Cwis 33

1. Peter Stringer
2. David Pocock
3. Matt Dawson
4. J. J. Williams
5. Stephen Fry
6. Iestyn Harris
7. Martin Johnson (yn 1997 a 2001)
8. Jean-Pierre Rives
9. Lewis Moody
10. Yr Alban
11. Roger Kingdom
12. David Sole
13. Roger
14. Cotton Traders
15. Ffrainc: enillon nhw ddwy Gamp Lawn ac ennill y Bencampwriaeth chwe gwaith, gan ei rhannu dair gwaith
16. Twickenham
17. Cymdeithas y Llwy Bren
18. Paul Thorburn
19. Keith Wood
20. Y chwaraewr cyntaf i ddod ymlaen fel eilydd yn Rygbi'r Undeb (i'r Llewod yn 1968)

Cwis 34

1. Pa Gymro oedd y dewis cyntaf i fod yn gapten ar dîm y Llewod ar eu taith i Seland Newydd a Fiji yn 1977?
   a) Gareth Edwards
   b) Terry Cobner
   c) Mervyn Davies

2. Ar wahân i'r 51 o chwaraewyr ar daith y Llewod yn 2005, o blith y 29 aelod staff o dan Bill Beaumont a Clive Woodward, pwy oedd yr unig Gymro oedd yn rhan o'r tîm hyfforddi?
   a) Alan Davies
   b) David Young
   c) Gareth Jenkins

3. Pam y gohiriwyd cychwyn gêm Caerdydd yn erbyn y Barbariaid yn 1993 o chwarter awr?
   a) oherwydd bod y Barbariaid heb gyrraedd mewn pryd
   b) roedd ofn fod yna fom yng nghanol y ddinas
   c) roedd y dyfarnwr yn sâl

4. Pa dîm o Went enillodd Bencampwriaeth Saith-bob-Ochr Snelling yn 1990 a 1992?

5. Pa ysgol sy'n cysylltu'r chwaraewyr hyn: Chris Bridges, Neil Jenkins, Andrew Lamerton a Paul John?

6. Beth oedd mor arbennig am y gêm rhwng Lloegr a Chymru yn Twickenham ym mis Ionawr 1927?
   a) y gêm gynta i'w darlledu ar y radio
   b) y gêm gynta lle rhoddwyd tri phwynt am gais
   c) daeth eilydd i'r cae

7. Pa gyn-gefnwr a Rheolwr y Llewod ar daith 2013 ofynnodd am newid yn y system sgorio oherwydd ei

fod e'n teimlo bod Cymru wedi colli gêm ar y daith i Awstralia yn annheg yn 2012?

8. Pa dîm o Abertawe sy'n chwarae ar Faes-y-Bioden?

   a) Bonymaen

   b) Vardre

   c) Treforys

9. Pa wythwr a chyn-gapten dros Gymru fu farw mewn tân yn ei dŷ yn y Coed Duon yn 1995?

10. I ba dîm rhyngwladol Rygbi'r Gynghrair y buodd y chwaraewyr Henry Paul, Lesley Vainikolo a Shontayne Hape yn chwarae cyn troi at Rygbi'r Undeb?

11. Pa gefnwr o Loegr a gododd bob darn o'r arian a daflodd cefnogwyr Cymru ato yn ystod y gêm danllyd rhwng Cymru a Lloegr yn 1987, a'i wario yn y bar ar ôl y gêm?

    a) Jonathan Webb

    b) Marcus Rose

    c) Simon Hodgkinson

12. Beth yw enw'r 800fed chwaraewr i ennill cap dros Awstralia, a enillodd ei gap cyntaf yn 2005 ac sydd wedi chwarae fel asgellwr, cefnwr a chanolwr i'w wlad?

13. Pa chwaraewr ddaeth ymlaen i'r cae fel eilydd i J. P. R. Williams yn y gêm yn erbyn Lloegr yn 1979, gan ennill ei unig gap cyn mynd i chwarae Rygbi'r Gynghrair?

14. Sawl gwaith wynebodd Cymru dîm Lloegr yn 2011?

15. Pa ganolwr dros Loegr a chwaraeodd mewn 44 gêm o'r bron rhwng 4 Tachwedd 1989 a 4 Mehefin 1995?

16. Yn 1995 enillodd Sean McCahill un cap dros Iwerddon yn y canol, ond beth oedd enw ei frawd, a enillodd ddeg cap yn y canol dros Seland Newydd rhwng 1987 a 1991?

    a) Bernie

    b) Bertie

    c) Sid

17. Pa flaenasgellwr i'r Alban ymddangosodd yng nghrys Cymru pan adawodd Aled Williams y cae yn rownd gyn-derfynol Cystadleuaeth Saith-bob-Ochr Hong Kong yn 1990?

18. Pa brop Gwyddelig oedd yn cael ei adnabod fel 'The Claw'?

19. Pa gyn-chwaraewr dros yr Alban gafodd ei ddewis yn hyfforddwr drostynt yn 1980?

20. Ar ba ynys dwym yr oedd y prop Mike Griffiths yn seiclo gyda sgwad Cymru pan gwympodd oddi ar ei feic a thorri pont ei ysgwydd yn 1993, gan beri iddo golli Pencampwriaeth y Pum Gwlad y tymor hwnnw?

Atebion Cwis 34

1. Mervyn Davies (ond bu'n rhaid iddo ymddeol ar ôl cael gwaedlif ar yr ymennydd mewn gêm glwb)
2. Gareth Jenkin
3. Roedd ofn fod yna fom yng nghanol y ddinas
4. Trecelyn
5. Ysgol Gyfun Bryn Celynnog, Beddau
6. Y gêm gynta i'w darlledu ar y radio
7. Andy Irvine
8. Vardre
9. Alun Pask
10. Seland Newydd
11. Marcus Rose
12. Adam Ashley-Cooper
13. Clive Griffiths
14. Tair gwaith
15. Will Carling
16. Bernie
17. John Jeffrey
18. Peter Clohessy
19. Jim Telfer
20. Lanzarote

Cwis 35

1. Yn ei lyfr diweddaraf, *Final Word*, mae Graham Henry yn sôn am rownd derfynol Cwpan y Byd 2007 yng Nghaerdydd, lle collodd Seland Newydd i Ffrainc o 20 pwynt i 18 yn y chwarteri, ac mae'n beio'r dyfarnwr. Pwy oedd y dyfarnwr y diwrnod hwnnw?

   a) Jonathan Kaplan

   b) Wayne Barnes

   c) Tony Spreadbury

2. Pa Brif Weinidog a gymerodd y gic a ddechreuodd y gêm rhwng Caerdydd a Blackheath ar 25 Ionawr 1908?

3. Sawl Jones oedd yn chwarae i Gymru yn erbyn yr Alban yn Murrayfield yn 2007?

4. Beth wnaeth Johan Le Roux, y prop o Dde Affrica, i Sean Fitzpatrick, y bachwr o Seland Newydd, yn y prawf rhwng y ddwy wlad yn 1994?

5. O ba wlad roedd capten cyntaf Seland Newydd Dave Gallaher yn dod?

   a) Iwerddon

   b) Yr Alban

   c) Awstralia

6. Pa chwaraewr ail reng enwog oedd â'r llysenw 'Broon frae Troon'?

7. Pa faswr chwaraeodd am y tro cyntaf ar Barc yr Arfau i dîm dan ddeuddeg Gorllewin Cymru yn 1974?

8. Pa dîm o Loegr y bu Mike Ruddock yn ei hyfforddi rhwng 2007 a 2010?

9. Yn 2004, pwy oedd y chwaraewr cynta i ennill cap tra oedd yn chwarae i glwb yn Ffrainc, a hynny er ei fod wedi ennill 64 o gapiau yn barod?

   a) Stephen Jones

   b) Gareth Thomas

   c) Colin Charvis

10. Ymhle y chwaraeodd Cymru eu gêm gynta yng Nghymru yn 1882?

11. Pan gyhoeddwyd y byddai cwpan yn cael ei enwi ar ôl y Tywysog William yn 2007 i wobrwyo'r enillydd mewn gemau rhwng Cymru a De Affrica, roedd galw mawr i newid yr enw ar y cwpan i enw pwy?

12. Pa fath o wrthrych sy'n cael ei gyflwyno i enillwyr gemau rhwng Caerfaddon a Llanelli?

13. Beth yw enw prif stadiwm Seland Newydd yn Auckland?

14. Beth oedd enw mewnwr Caerfaddon a enillodd 29 o gapiau dros Loegr rhwng 1984 a 1991?

15. Pwy oedd capten Cymru ar y daith gynta erioed i Dde Affrica yn 1964?

16. Pwy sgoriodd ddau gais i Gymru yn erbyn Lloegr yn Twickenham yn 1988?

17. Pa ohebydd rygbi oedd tad yr awdur Craig Thomas, wnaeth ysgrifennu'r nofel *Firefox*?

   a) Clem Thomas

   b) J. B. G. Thomas

   c) Peter Thomas

18. Dros ba dîm Rygbi'r Gynghrair yr ymddangosodd Shaun Edwards 467 o weithiau?

19. Pa Gymro gafodd ei apwyntio'n Brif Hyfforddwr tîm rygbi Rwsia yn 2011?

20. Sawl cap enillodd Carwyn James?

a) dau gap

b) tri chap

c) deg cap

Atebion Cwis 35

1. Wayne Barnes
2. David Lloyd George
3. Chwech: Mark, Stephen, Adam, Duncan, Alun Wyn a Ryan
4. Cnoi rhan o'i glust i ffwrdd
5. Iwerddon (o Ramelton yn Donegal)
6. Gordon Brown o'r Alban
7. Jonathan Davies
8. Worcester Warriors
9. Colin Charvis (yn chwarae i Tarbes)
10. Sain Helen, Abertawe
11. Ray Gravell
12. Doli glwt (rag-doll)
13. Parc Eden
14. Richard Hill
15. Clive Rowlands
16. Adrian Hadley
17. J. B. G. Thomas
18. Wigan
19. Kingsley Jones
20. Dau gap

Cwis 36

1. Pa ddyfarnwr enillodd dri chap dros Iwerddon fel mewnwr a chwarae dros Goleg Blackrock, Leinster a chlwb Moseley?

2. Pa Gymro oedd rheolwr ac asiant Jonah Lomu yn ystod ei yrfa?

3. Hunangofiant pa fachwr a fu'n aelod o dîm Camp Lawn Lloegr yn 1980 oedd *Rugby from the Front*?

4. Pwy oedd y bachwr cynta o glwb Glyn Ebwy i gael cap yn 1988?

   a) Ian Watkins

   b) Nigel Meek

   c) Kenny Waters

5. Am bwy roedd Dickie Jeeps yn sôn pan ddywedodd: 'The sooner that little so-and-so goes to Rugby League, the better it will be for us'?

6. Pa dîm yn Ffrainc sy'n chwarae yn y Stade Ernest Wallon?

   a) Stade Toulousain

   b) Clermont Auvergne

   c) Perpignan

7. Beth oedd enw'r chwaraewr a enillodd 500fed cap Seland Newydd a enillodd ei gapiau rhwng 1977 a 1985 fel clo?

8. Beth yw enw'r cyn-flaenasgellwr rhyngwladol o Faesteg sydd wedi bod yn ffisiotherapydd i dîm Cymru ers dros ugain mlynedd?

9. Pa dîm yn Seland Newydd, sy'n agos iawn at galon Warren Gatland, sydd â'r llysenw 'Mooloo Men'?

10. Pa aelod o dîm Cymru fuodd mewn perthynas gyda'r gantores Duffy?

11. Ym mha wlad y ganwyd y cyn-ganolwr dros Gymru a Dreigiau Gwent Andy Marinos?

    a) Zimbabwe

    b) De Affrica

    c) Namibia

12. Pwy yw'r Cymro hynaf i sgorio cais mewn gêm ryngwladol, ar 19 Medi 2001 yn erbyn Romania?

13 Yn y trydydd prawf rhwng Awstralia a Seland Newydd yn 1978, beth wnaeth y blaenasgellwr Awstralaidd Greg Cornelsen?

    a) cicio pedair gôl adlam

    b) sgorio pedwar cais

    c) cicio pedair cic gosb

14. Ym mha wlad y cafodd y chwaraewyr Mils Muliaina, Isaia Toeava a Jerry Collins eu geni?

15. Pwy oedd capten Lloegr yn ystod Cwpan y Byd 1987?

    a) Mike Harrison

    b) Will Carling

    c) Paul Ackford

16. Pa Gymro gafodd ei apwyntio'n Brif Hyfforddwr tîm Viadana yn 2012?

17. Pa ddau dîm oedd yn arfer cystadlu am y Ddysgl Bowring i fyny at 2001?

18. Beth yw enw barddol Robin McBryde, sy'n Geidwad y Cledd yng Ngorsedd y Beirdd yr Eisteddfod Genedlaethol?

    a) Robin Goch

    b) Robin o'r Strade

    c) Robin o Fôn

19. O ba glwb arall yn Uwch Adran Lloegr y symudodd Chris Ashton pan yumodd â chlwb Saracens ym mis Gorffennaf 2012?

20. Yn ystod Camp Lawn Cymru yn 2005, pa chwaraewr sgoriodd ddau gais yn erbyn Ffrainc?

Atebion Cwis 36

1. Alain Rolland
2. Phil Kingsley Jones
3. Peter Wheeler
4. Ian Watkins
5. Gareth Edwards
6. Stade Toulousain
7. Andy Haden
8. Mark Davies
9. Waikato
10. Mike Phillips
11. Zimbabwe
12. Allan Bateman (yn 36 oed, 197 o ddiwrnodau)
13. Sgorio pedwar cais
14. Samoa
15. Mike Harrison
16. Rowland Phillips
17. Prifysgolion Caergrawnt a Rhydychen
18. Robin o Fôn
19. Northampton Saints
20. Martyn Williams

Cwis 37

1. Pa brop a chwaraeodd dros Ben-y-bont am gyfnod ac yna ymddeol yn llwyr o'r gêm i ganolbwyntio ar ffermio yn 2012, ac yntau'n 39 oed?

2. Yn 1981 yn nhîm Cymru yn erbyn Iwerddon, roedd y ddau hanerwr yn cael eu capiau cynta ac yn chwarae dros Ben-y-bont. Gary Pearce oedd y maswr, ond pwy oedd y mewnwr?

3. Pa berthynas yw Tom Kiernan i Michael Kiernan?

4. Sawl cap enillodd Shane Howarth dros Seland Newydd?

   a) dau

   b) pedwar

   c) chwech

5. Pa gymeriad ffuglennol oedd yn arfer chwarae dros Glwb Blackheath yn Llundain?

   a) Moriarty

   b) Sherlock Holmes

   c) Dr Watson

6. Pa mor bell y ciciodd Paul Thorburn y gic gosb enwog honno yn erbyn yr Alban ym Mharc yr Arfau yn 1986?

   a) 70 llath ac 8 modfedd

   b) 75 llath a 5 modfedd

   c) 80 llath a 2 modfedd

7. Yn 1973, pa gefnwr i Gymru a orfodwyd i orffen chwarae yn ddim ond 25 oed ar ôl dioddef strôc?

8. Beth oedd enw'r bachwr o Glasgow a enillodd 13 chap i Dde Affrica a naw cap i'r Alban yn ystod y 1990au?

9. Pa fwyty yn Llanelli sy'n perthyn i gwmni Bendigo 9-10, cwmni sy'n cynnwys Rob Williams, Cadeirydd Cwmni WRW, y darlledwr bwyd Simon Wright a'r ddau chwaraewr rygbi Stephen Jones a Dwayne Peel?

   a) Sgarled

   b) Sosban

   c) Strade

10. Pa dri brawd sydd wedi chwarae dros y Llewod ar wahanol deithiau, un yn 1993, un arall yn 1997 a'r trydydd yn 2001?

11. Beth oedd y llysenw o deitl cyfres gomedi o'r 1970au a roddwyd i dîm Lloegr a enillodd Gwpan y Byd 2003 oherwydd bod llawer o'r chwaraewyr dros eu deg ar hugain?

12. Pa ganolwr adawodd y Chiefs yn Seland Newydd a mynd at y Wild Knights yn Japan yn 2012?

13. Yn erbyn pwy roedd Cymru'n chwarae pan roddodd Phil Bennett y bêl o dan ei ên ar ôl iddo sgorio o dan y pyst yn 1977?

14. O deulu pa frenin mae'r cefnwr Awstralaidd Adam Ashley Cooper yn hanu?

   a) Y Brenin Harold

   b) Gwilym Goncwerwr

   c) Charles y Cynta

15. Pa glwb enwog o'r Alban sy'n chwarae yn Riverside Park?

16. Beth oedd enw'r prop o Ystradgynlais a chwaraeodd i Gymru yn lle Staff Jones yn erbyn Iwerddon pan enillodd Cymru'r Goron Driphlyg yn 1988 yn Lansdowne Road?

17. Pa flaenasgellwr o wlad Morocco oedd capten Ffrainc pan enillon nhw'r Gamp Lawn yn 1997?

18. Yn draddodiadol, â pha dîm yr arferai Glyn Ebwy uno i chwarae timau o dramor neu dimau oedd ar daith?

19. Pa gefnwr o'r Hendy a fu farw mewn damwain ffordd yn Lloegr yn 1993 yn 47 oed?

20. Beth ddigwyddodd ar ôl gêm Cymru v De Affrica ym Mharc yr Arfau yn 1960?

    a) roedd y tywydd mor wael nes i afon Taf orlifo a boddi'r cae

    b) rhedodd y dorf i'r cae a gwrthod gadael i chwaraewyr De Affrica gyrraedd y stafelloedd newid

    c) dymchwelodd rhan o eisteddle'r gogledd a bu rhaid cau'r parc am ddeufis

Atebion Cwis 37

1. Julian White
2. Gerald Williams
3. Ewythr
4. Pedwar
5. Dr Watson
6. 70 llath ac 8 modfedd
7. Keith Jarrett
8. John Allan
9. Sosban
10. Richard, Paul a David Wallace
11. *Dad's Army*
12. Sonny Bill Williams
13. Yr Alban
14. Gwilym Goncwerwr
15. Jedforest
16. Anthony Buchanan
17. Abdelatif Benazzi
18. Abertyleri
19. Terry Price
20. Roedd y tywydd mor wael nes i afon Taf orlifo a boddi'r cae

Cwis 38

1. Pwy oedd y Valley Commandos?
2. Beth oedd enw'r prop o Seland Newydd oedd i fod i gynrychioli ei wlad yng nghamp jiwdo yng Ngemau Olympaidd 1980 yn Moscow ond, oherwydd ymosodiad yr Undeb Sofietaidd ar Afghanistan, bod ei wlad wedi tynnu allan o'r gemau?

   a) Richard Loe

   b) Graham Purvis

   c) Steve McDowell
3. Beth yw'r llysenw ar yr eisteddle yn Stadiwm y Mileniwm lle arferai eisteddle'r gogledd fod yn yr hen stadiwm?

   a) Tasker's Gap

   b) Max's Gap

   c) Glanmor's Gap
4. Clwb rygbi pa dîm yng ngorllewin Cymru sydd yn Upper Frog Street?
5. Yn erbyn pa wlad roedd Lloegr yn chwarae pan redodd Erica Roe yn noethlymun ar draws y cae yn 1982?
6. Yng ngêm gynta Cymru o dan ofal Warren Gatland yn Twickenham yn erbyn Lloegr yn 2008, roedd nifer fawr o dîm y Gweilch yn y tîm. Sawl un?
7. Pwy yw'r unig dîm o Gymru sydd wedi ennill Cystadleuaeth Saith-bob-ochr Middlesex ers 1926, a hynny yn 1939?

   a) Llanelli

   b) Caerdydd

   c) Casnewydd
8. Pa gefnwr o'r Alban gafodd ei apwyntio'n gapten tîm y Wasps ar gyfer tymor 2012-13?

9. Pa fachwr oedd yn Officer Dibble i'r Top Cat, Clive Rowlands, yn ystod y 1960au?

10. Pan ofynnwyd i Dan Lydiate a oedd e am symud o'r Dreigiau dywedodd ei fod yn ddigon hapus man lle'r oedd e: 'I'm treated really well at the Dragons whereas, maybe if you went abroad you are just a . . . ' Beth?

    a) needle in a haystack

    b) lump of meat

    c) nobody

11. Ar ôl i Brian Williams, y cyn-chwaraewr gyda Chastell-nedd, farw yn 2007, pa rif y stopiwyd ei wisgo am weddill tymor 2006-07?

12. Pwy sgoriodd y cais cyntaf i Gymru yn erbyn Lloegr yn Stadiwm y Mileniwm yn 2005 yn eu hymgyrch i ennill eu Camp Lawn gynta ers 1978?

    a) Gavin Henson

    b) Tom Shanklin

    c) Shane Williams

13. Yn nhymor 1987-88 fe sgoriodd y cefnwr/canolwr/maswr yma 350 o bwyntiau dros Faesteg mewn un tymor, sydd yn dal i fod yn record i'r clwb. Fe aeth ymlaen i chwarae dros Gastell-nedd a Llanelli, ac erbyn hyn mae'n ddirprwy bennaeth Ysgol Gyfun Llandeilo Ferwallt ym Mro Gŵyr. Pwy yw e?

14. I ba wlad y bu'r maswr Gordon Waddell, a fu farw yn 2012, yn chwarae cyn mynd i fyw yn Ne Affrica, lle bu'n weithgar iawn ym mywyd gwleidyddol y wlad?

15. Beth yw enw'r actor oedd yn chwarae rhan Grant Mitchell ar *Eastenders* a fu'n chwarae rygbi dros Brentwood, Maidstone ac ail dîm y Saracens?

16. Pa gyn-fewnwr a sylwebydd teledu Saesneg sy'n rhannu'i enw â char rasio oedd yn boblogaidd rhwng 1952 a 1972?

17. Llysenw pa wythwr o Gymru oedd 'Bamber'?

18. Pa faswr dros Iwerddon fu hefyd yn chwarae pêl-droed dros Shamrock Rovers a Limerick United yn ystod y 1970au a'r 1980au?

19. Pa faswr o Ffrainc a giciodd gôl adlam ym mhob gêm Pencampwriaeth y Pum Gwlad 1983-84?

    a) Jean-Patrick Lescaboura

    b) Didier Camberabero

    c) Guy Laporte

20. Pa gyn-brop i Gastell-nedd fuodd yn hyfforddi Clwb Llanfair ym Muallt ar wahanol adegau dros gyfnod o 19 mlynedd cyn rhoi'r gorau iddi ar ddiwedd tymor 2010-11?

Atebion Cwis 38

1. Pontypridd
2. Steve McDowell
3. Glanmor's Gap
4. Dinbych-y-pysgod
5. Awstralia
6. 13 ac fe ddaeth un i'r cae fel eilydd
7. Caerdydd
8. Hugo Southwell
9. Norman Gale
10. Lump of meat
11. Rhif 1
12. Shane Williams
13. Jeff Bird
14. Yr Alban
15. Ross Kemp
16. Austin Healey
17. Eddie Butler
18. Tony Ward
19. Jean-Patrick Lescaboura
20. Jeremy Pugh

1. Fe aeth J. P. R. Williams, Dr Jack Matthews, Robert Howley, Dafydd James, Mike Hall a Gavin Henson i'r un ysgol gyfun â Phrif Weinidog Cymru, Carwyn Jones. Ond pa ysgol oedd honno?

   a) Bryntirion

   b) Ynysawdre

   c) Brynteg

2. Yn ystod Camp Lawn 1971, pa un o chwaraewyr Cymru oedd yn chwarae dros glwb Harrogate?

   a) Arthur Lewis

   b) Mike Roberts

   c) Jeff Young

3. Yn 1899, ym mha wlad y ffurfiwyd Undeb Rygbi River Plate?

4. Ym mha flwyddyn y curodd Cymru Loegr am y tro cyntaf yn Twickenham?

   a) 1913

   b) 1923

   c) 1933

5. Pa fewnwr oedd partner cynta Barry John i Gymru yn 1966?

6. Ym mis Rhagfyr 1875, ym mha ddinas yn Lloegr y cynhaliwyd y gêm gynta rhwng tîm oedd yn cynrychioli Cymru, sef Tîm De Cymru, a thîm y ddinas honno?

   a) Caerloyw

   b) Henffordd

   c) Bryste

7. Yn ystod y daith ofnadwy a gafodd Cymru i Seland Newydd yn 1988, pa dôn a chwaraewyd gan rywun yn y dorf ar gorn hela ar hanner amser, pan oedd pethau'n argoeli'n wael i Gymru mewn gêm yn erbyn Gogledd Auckland?

8. Pwy oedd y Cymro Cymraeg o Langynwyd oedd yn chwarae i Faesteg, ac a chwaraeodd i Gymru ar yr asgell yn erbyn yr Alban yn nhymor Camp Lawn Cymru 1950?

9. Beth oedd enw'r ddau gefnwr o'r un enw, y naill wedi chwarae dros Gymru rhwng 1983 a 1987, a'r llall dros Ganada rhwng 1982 a 1991?

10. Beth oedd enw'r chwaraewr ail reng fu'n chwarae am gyfnod i'r Sgarlets ac a aeth ymlaen i chwarae dros 62 o weithiau dros dîm rhyngwladol yr Unol Daleithiau rhwng 1996 a 2003? Dyma oedd y record am ymddangosiadau nes i Mike MacDonald dorri ei record yn 2011.

    a) Luke Goss

    b) Luke Gross

    c) Luke Tross

11. I ba dîm oedd yr asgellwr Doug Howlett yn chwarae yn 2010?

12. Pwy gafodd ei apwyntio'n Rheolwr Cyffredinol newydd y Rhanbarth Datblygu newydd yng ngogledd Cymru ym mis Awst 2012?

    a) Gareth Davies

    b) Arthur Emyr

    c) Rupert Moon

13. Beth oedd enw'r canolwr 22 oed oedd yn chwarae dros Ulster a fu farw mewn damwain fferm ym mis Medi 2012?

14. Beth yw enw'r chwaraewr Gwyddelig diweddaraf i gael ei lun ar stampiau 78 cent a 55 cent yn Iwerddon?

    a) Paul O'Connell

    b) Keith Wood

    c) Brian O'Driscoll

15. Yn erbyn pa dîm y collodd Cymru ar 10 Tachwedd 1993?

    a) Fiji

    b) Samoa

    c) Canada

16. Pa dîm yng Nghymru oedd y cyntaf i guro tri o brif wledydd Hemisffer y De, sef Awstralia yn 1908, De Affrica yn 1912 a Seland Newydd yn 1935?

    a) Abertawe

    b) Caerdydd

    c) Casnewydd

17. Pwy oedd y llumanwr o Gymru yn ystod Cwpan y Byd 2011?

18. Beth oedd enw'r canolwr o Gaeredin fu'n chwarae dros yr Alban a'r Llewod a hefyd dros Brydain Fawr yn Rygbi'r Gynghrair, ond a fu farw wrth chwarae dros yr Awyrlu yn 1942 yn 38 oed? Roedd ganddo'r un enw â'i fab, sef actor comedi a fu farw ar ôl cwympo oddi ar geffyl wrth ffilmio *Return of the Musketeers* yn 1988?

19. Pa gyn-asgellwr dros Seland Newydd a Samoa, Wasps a Newcastle fu'n chwarae Rygbi'r Gynghrair hefyd, ac sy'n berchen ar gwmni trefnu angladdau? Fe drefnodd angladd Brenin Tonga yn eithaf diweddar.

20. Beth ddigwyddodd yn Stadiwm ANZ Sydney yn ystod gornest rhwng Awstralia a Seland Newydd yn 2000?

a) eilyddiwyd y nifer fwyaf erioed o chwaraewyr am y tro cyntaf

b) cafwyd y dorf fwyaf erioed mewn gêm rygbi

c) doedd dim sgôr rhwng y ddau dîm

Atebion Cwis 39

1. Brynteg
2. Jeff Young
3. Yr Ariannin
4. 1933
5. Allan Lewis o Abertyleri
6. Henffordd
7. 'The Last Post'
8. Windsor Major
9. Mark Wyatt
10. Luke Gross
11. Munster
12. Rupert Moon
13. Nevin Spence
14. Paul O'Connell
15. Canada
16. Abertawe
17. Tim Hayes
18. Roy Kinnear
19. Va'aiga (Inga) Tuigamala
20. Cafwyd y dorf fwyaf erioed mewn gêm rygbi (sef 109,874)

Cwis 40

1. Ym mha ddinas yn Ffrainc y collodd Cymru i Fiji yng Nghwpan y Byd 2007?
   a) Poitiers
   b) Paris
   c) Nantes
2. Ym mha gwm y magwyd Tavis Knoyle, David Pickering, Brian Thomas, Phil Davies, Phil Pugh a Ron Waldron?
3. Roedd Bill Morris o Borth yn asgellwr a enillodd ddau gap dros Gymru yn 1963, ond i ba Ysgrifennydd Gwladol dros Gymru oedd e'n gefnder?
4. Pwy yw'r chwaraewr hynaf i ymddangos yn rownd derfynol Cwpan y Byd?
   a) Simon Shaw
   b) Mike Catt
   c) Martin Corry
5. Beth oedd enw cymeriad Ray Gravell yn ffilm Louis Malle, *Damage* yn 1992?
6. Pa chwaraewr rhyngwladol dros Gymru agorodd y bwyty Papa Sanchos Stonegrill yn Abertawe?
   a) Tony Clement
   b) Ray 'Chico' Hopkins
   c) Nathan Brew
7. Sgoriodd y Cymro Cymraeg Willie Llewellyn, a oedd yn fferyllydd, bedwar cais yn ei gêm gynta dros ei wlad yn erbyn Lloegr yn 1899, ac yn 1910, pan fu terfysgoedd yn ei dref enedigol, ni ddifrodwyd mo'i siop oherwydd y parch tuag ato. Ond beth oedd enw'r dref?
8. Pa enw anifail sy'n llysenw ar dîm rygbi Treorci?

9. Fe enillodd y Parch. Alfred Augustus Mathews un cap dros Gymru yn 1886, ond roedd ganddo ŵyr oedd yn enwog fel Cadeirydd y Blaid Geidwadol rhwng 1987 ac 1989, ac yn Ysgrifennydd Gwladol Gogledd Iwerddon rhwng 1989 a 1992. Pwy yw'r ŵyr?
   a) Tom King
   b) Peter Brooke
   c) Patrick Mayhew
10. Roedd y clo Allan Martin yn frawd-yng-nghyfraith i ba arwr arall gyda thîm Aberafan a enillodd bedwar cap ar yr asgell i Gymru hefyd?
11. Fe ddywedodd Bill McLaren fod un safle ar y cae rygbi 'mor gyfrwys â sachaid o wencïod' (weasels). Am ba safle oedd e'n sôn?
12. Pa gyn-faswr o Ganada o dras Gymreig oedd athro hanes y Tywysog William yn Ysgol Eton?
13. Â pha dîm Rygbi'r Undeb yr ymunodd Martin Offiah pan ymddeolodd o Rygbi'r Gynghrair yn 2001?
14. Â pha ysgol y byddech chi'n cysylltu'r chwaraewyr Emyr Lewis, Stephen Jones, Rhys Priestland, Ken Owens a Mefin Davies?
   a) Ysgol Bro Myrddin
   b) Ysgol Gruffydd Jones
   c) Ysgol y Strade
15. O'r mil a mwy o chwaraewyr sydd wedi chwarae dros Gymru, os byddech yn rhoi cyfenw pob un yn nhrefn yr wyddor, pa chwaraewr fyddai gynta ar y rhestr?
16. Fe chwaraeodd Glyn Davies 11 o weithiau dros Gymru fel maswr yn ystod diwedd y 1940au a dechrau'r 1950au, a bu farw'n ddyn ifanc, ond pwy oedd ei frawd-yng-nghyfraith a oedd yn un o gantorion enwocaf Cymru?

17. Ym mha ddinas y chwaraeodd Cymru dîm De Affrica yng Nghwpan y Byd 2011?
    a) Rotorua
    b) Wellington
    c) Auckland

18. Pa asgellwr o'r Alltwen ger Abertawe a chwaraeodd bum gwaith dros Gymru ar ddiwedd y 1960au a sgorio dau gais, mynd hefyd ar daith gyda'r Llewod i Dde Affrica yn 1968, cyn ymuno â chlwb Rygbi'r Gynghrair Wigan, a dychwelyd i Gymru fel athro?
    a) Stuart Watkins
    b) Peter Rees
    c) Keri Jones

19. I ba brifardd a chyn Archdderwydd mae Gwydion Griffiths, Rheolwr Marchnata a'r Cyfryngau Gleision Caerdydd, yn ŵyr?
    a) Dic Jones
    b) Bryn Williams
    c) W. J. Gruffydd

20. Beth yw'r tîm cyfatebol i'r Barbariaid yn Iwerddon?

Atebion Cwis 40

1. Nantes
2. Cwm Nedd
3. Syr John Morris
4. Mike Catt (36 oed, 1 mis yn 2007)
5. Ray
6. Nathan Brew
7. Tonypandy
8. Zebras
9. Peter Brooke (Baron Brooke of Sutton Mandeville)
10. Les Keen
11. Y prop
12. Gareth Rees
13. Wasps
14. Ysgol Bro Myrddin
15. Robert Ackerman
16. Syr Geraint Evans
17. Wellington
18. Keri Jones
19. Bryn Williams
20. The Wolfhounds, neu'r Bleiddgwn

Rownd y Lluniau

Rownd y Lluniau

Y Rhai Moel

a)

b)

c)

ch)

d)

Atebion: tud 170

a)

b)

c)

ch)

d)

Atebion: tud 170

Yr Hyfforddwyr

a)

b)

c)

ch)

d)

Atebion: tud 170

Yr Asgellwyr

a)

b)

c)

ch)

d)

Atebion: tud 170

Cwis

Aml-ateb

Cwis Aml-ateb

1. Fe chwaraeodd Gareth Llewellyn fel clo 92 o weithiau dros Gymru rhwng 1989 a 2006. Sawl un o'r 21 o gloion fu'n ei bartneru yn ystod y cyfnod, allwch chi eu henwi?

2. Daeth 11 tîm at ei gilydd yng Ngwesty'r Castell yng Nghastell-nedd ar 12 Mawrth 1881 i ffurfio Undeb Rygbi Cymru. Sawl tîm allwch chi eu henwi?

3. Curodd y Barbariaid Seland Newydd yn 1973. Sawl aelod o'r tîm allwch chi eu henwi?

4. Mae sawl aelod o dîm Cymru â'r cyfenw Jones wedi chwarae dros eu gwlad ers 1992. Sawl Jones allwch chi eu henwi?

5. Allwch chi enwi'r gwledydd sydd wedi ennill Cwpan y Byd ers 1987, ac ym mha flwyddyn?

6. Sawl un o'r timau sydd wedi ennill Cwpan Her Undeb Rygbi Cymru (Cwpan Schweppes, Cwpan Swalec, Cwpan y Principality, Cwpan Konica Minolta) rhwng 1972 a 2012, allwch chi eu henwi?

7. Sawl un o'r 24 bachwr sydd wedi chwarae dros Gymru ers 1982 y gallwch chi eu henwi?

8. Mae Cymru wedi ennill 11 Camp Lawn. Allwch chi enwi blynyddoedd y buddugoliaethau?

9. Mae 25 gwlad wedi cystadlu yng Nghwpan y Byd ers 1987. Sawl un allwch chi eu henwi?

10. Sawl un o'r deg chwaraewr sydd wedi sgorio'r nifer fwyaf o geisiau dros Seland Newydd allwch chi eu henwi? (I fyny at fis Medi 2012.)

Atebion Cwis Aml Ateb

1. Phil Davies, Andy Allen, Glyn Llewellyn, Tony Copsey, Paul Arnold, Derwyn Jones, Stuart Roy, Mike Voyle, Craig Quinnell, Mark Rowley, Chris Stephens, Andrew P Moore, Chris Wyatt, Steve Williams, Robert Sidoli, Vernon Cooper, Michael Owen, Brett Cockbain, Jonathan Thomas, Deiniol Jones, Luke Charteris

2. Abertawe, Llanbedr Pont Steffan, Llandeilo, Caerdydd, Casnewydd, Llanelli, Merthyr, Llanymddyfri, Aberhonddu, Pont-y-pŵl a Bangor

3. J. P. R. Williams, David Duckham, John Dawes, Mike Gibson, John Bevan, Phil Bennett, Gareth Edwards, Ray McLoughlin, John Pullin, Sandy Carmichael, Willie John McBride, Bob Wilkinson, Tommy David, Derek Quinnell, Fergus Slattery

4. Rhodri Jones (prop), Alun Wyn Jones (clo), Ceri Jones (prop), Adam Jones (prop), Adam Jones (clo), Ryan Jones (wythwr), Dafydd Jones (blaenasgellwr), Duncan Jones (prop), Steve Jones (bachwr), Deiniol Jones (clo), Derwyn Jones (clo), Kingsley Jones (blaenasgellwr), Lyn Jones (blaenasgellwr), Gwyn Jones (blaenasgellwr), Mark Jones (wythwr a chlo), Huw Williams-Jones (prop), Robert Jones (mewnwr), Mathew Jones (maswr), Stephen Jones (maswr), Jason Jones Hughes (canolwr), Gareth Jones (canolwr), Mark Jones (asgellwr)

5. 1987 – Seland Newydd
   1991 – Awstralia
   1995 – De Affrica
   1999 – Awstralia
   2003 – Lloegr
   2007 – De Affrica
   2011 – Seland Newydd

6. Llanelli, Caerdydd, Castell-nedd, Pontypridd, Abertawe, Pen-y-bont, Casnewydd, Pont-y-pŵl, Cross Keys, Llanymddyfri

7. Alan Phillips, Billy James, Mike Watkins, Kevin Phillips, Ian Watkins, Wayne Hall, Garin Jenkins, Kenny Waters, Nigel Meek, Andrew Lamerton, Robin McBryde, John Humphreys, Barry Williams, Andrew Lewis, Steve Jones, Mefin Davies, Gareth Williams, Huw Bennett, Paul Young, Mathew Rees, Rhys Thomas, Richard Hibbard, Lloyd Burns, Ken Owens

8. 1908, 1909, 1911, 1950, 1952, 1971, 1976, 1978, 2005, 2008, 2012

9. Seland Newydd, Awstralia, De Affrica, Cymru, Ffrainc, Lloegr, Iwerddon, yr Alban, Samoa (Gorllewin Samoa), Tonga, Fiji, yr Ariannin, Zimbabwe, yr Eidal, Canada, yr Unol Daleithiau, Japan, Romania, y Traeth Ifori, Sbaen, Uruguay, Namibia, Georgia, Portiwgal, Rwsia

10. Doug Howlett (49), Christian Cullen (46), Joe Rokococo (46), Jeff Wilson (44), Jonah Lomu (37), Tana Umaga (36), John Kirwan (35), Mils Muliaina (34), Dan Carter (29), Sitiveni Sivivatu (29)

Atebion Rownd y Lluniau o dudalen 162-165

Y Rhai Moel

a) Shaun Edwards
b) John Hayes
c) John Mitchell
ch) Va'aiga Tuigamala
d) Richie Collins

Y Barfog Rai

a) Dan Cole
b) Ray Gravell
c) Victor Matfield
ch) Martin Castrogiovanni
d) John Taylor

Yr Hyfforddwyr

a) Kevin Bowring
b) Bob Dwyer
c) Carwyn James
ch) Robbie Deans
d) Mike Ruddock

Yr Asgellwyr

a) Adrian Hadley
b) Doug Howlett
c) Gerald Davies
ch) Patrice Lagisquet
d) Chester Williams

Diolch i'r Press Association am ganiatâd i ddefnyddio'r lluniau.